臺灣歷史與文化 研究輯刊

二十編

第 4 冊

史心與文情
——清代臺灣儒者吳子光的史論、文學觀研究（下）

蘇倉永 著

花木蘭文化事業有限公司

國家圖書館出版品預行編目資料

史心與文情——清代臺灣儒者吳子光的史論、文學觀研究（下）
／蘇倉永　著 -- 初版 -- 新北市：花木蘭文化事業有限公司，
2021〔民110〕
目 4+138 面；19×26 公分
（臺灣歷史與文化研究輯刊二十編；第 4 冊）
ISBN 978-986-518-551-0（精裝）
1.（清）吳子光 2. 學術思想
733.08　　　　　　　　　　　　　　　　　110011280

ISBN-978-986-518-551-0

臺灣歷史與文化研究輯刊
二十編　第 四 冊　　　　ISBN：978-986-518-551-0

史心與文情
——清代臺灣儒者吳子光的史論、文學觀研究（下）

作　　者　蘇倉永
總 編 輯　杜潔祥
副總編輯　楊嘉樂
編　　輯　許郁翎、張雅淋、潘玟靜　美術編輯　陳逸婷
出　　版　花木蘭文化事業有限公司
發 行 人　高小娟
聯絡地址　235　新北市中和區中安街七二號十三樓
　　　　　電話：02-2923-1455／傳真：02-2923-1452
網　　址　http://www.huamulan.tw 信箱 service@huamulans.com
印　　刷　普羅文化出版廣告事業
初　　版　2021 年 9 月
全書字數　292088 字
定　　價　二十編 14 冊（精裝）台幣 35,000 元

史心與文情
——清代臺灣儒者吳子光的史論、文學觀研究(下)

蘇倉永　著

目

次

圖表目次

圖目次

第五章　吳子光在臺灣儒學史上的定位與意義

　　臺灣儒學肇始於明鄭政權對臺灣的經營，鄭經主政時期（東寧王國），在陳永華統籌國政的擘劃下，建聖廟、設學校，實施教育、考試、用人三種制度合一的取才政策，文教規模得以迅速略具雛形。清康熙領臺後，在歷經寓臺儒吏大員的提倡和社會民間賢達的努力下，儒學教育的開展逐漸有了一番新圖像，進入到幾乎和中國本地已無差異的盛況。道光 28 年（1848），吳子光獲補為臺灣府學廩生〔註1〕，接受臺灣儒學教育的洗禮，而讀書和閱歷則磨礪了他治學的堅強意志，及博厚的學識涵養，雖然「渡海十餘遭」屢屢受困場屋，但對探研學問的熱情始終未減，仍舊筆耕不輟，不僅專精覃思於經、史、古文之學，留下多部質精的著作，且其以忠恕之道論史，直道待人的處世態度，在臺灣儒學史上確實不能加以忽視。本章即就吳子光的學術品格定向，一位晚清儒者如何看待臺灣變化劇烈的社會文化和提出怎樣的對治之策，以及儒教的實踐與其學術思想的現代意義等面向來討論。

第一節　吳子光學術品格之判：道乎？器乎？

　　清領臺灣後，朱子學隨官方興學立教之需傳入臺灣，由於是清廷力推的官方學術，朱子學說成為臺灣士子參加科考時必須宗仰的經典。於此時代學

〔註 1〕鄭喜夫：〈吳芸閣先生年譜初稿（一）〉，《臺灣風物》31 卷 1～3 期（1981 年 3 月），頁98。

術的背景下，吳子光如何立基在朱子學的陶養，以其天賦才識開創出一條不同朱子學的學術路數，一條非關「漢、宋學之爭」的臺灣儒學新路，這是一個饒富意義的問題。

一、朱子學與臺灣儒學

儒學萌根於臺灣並建立起真正的教育制度，始於鄭成功、鄭經父子對臺灣的治理〔註2〕，而被鄭成功喻為今之臥龍的陳永華，更對臺灣儒學的草萊開創有著無比貢獻〔註3〕，他「在鄭成功後期崛起，輔佐鄭經穩定政局，經營臺灣，舉凡獎勵拓墾、開拓貿易、規劃行政、推展文教等事蹟，均獲得具體成效。陳永華建置聖廟、設立學校，以官方力量推展教育，加上流寓文人儒士的協助，促使儒家文化逐漸在臺灣傳播開來，此在臺灣教育史上具有重大意義。」〔註4〕

然而，鄭氏政權由於種種政治、人事因素的影響，好景不常。康熙22年（1683），福建水師提督施琅（1621～1696）率軍攻克澎湖後，準備欲直取臺灣，由於先前鄭氏王朝內部群臣的派系傾軋，使得朝政日非，無力抵抗的鄭

〔註2〕南明永曆20年（1666，康熙5年），退守臺灣的明鄭政權，在陳永華的規劃下，文廟及明倫堂落成，開展了臺灣儒學發展的首頁。又「鄭經時期陳永華兼職將相，負責建置、推展教育，主導臺灣文教的發展。陳氏取法明代教育體制，並就明鄭政權的特殊性質，創設一套因地制宜的教育設施，作為推展教育的場所。他延續隋唐以來廟學制的發展，創設聖廟和明倫堂，作為祭祀孔子和推行教育的場所。當時孔廟創置初期僅有大門、聖殿和後屋三進和兩廡，規模尚屬簡陋，具備中央太學的基本格局。不過明鄭的中央太學，並無明代國子監六堂之格局，約略是一個府學規模，但具有國學的象徵意義。在地方學校方面，明鄭時期在臺灣雖未設立州學、府學，而以社學作為推展教育的底層機構，擴大教育對象。在人材選拔、培育和任職方面，陳永華仿效明代科舉制度，以州試、府試、院試三階段考試，及格者准入太學修業。太學生修業期間，再經由考課合格，可至六部擔任官職，吸引臺人接受教育的意願。」吳正龍：〈明鄭時期陳永華興學設教事蹟初探〉，《教育資料與研究》第104期（2012年2月），頁140～141。

〔註3〕「延平克臺，制度初建，休兵息民，學校之設，猶未遑也。永曆十九年八月，嗣王經以陳永華為勇衛。永華既治國，歲又大熟，請建聖廟，立學校。」經曰：『荒服新創，地狹民寡，公且待之』……從之。擇地寧南坊，面魁斗山，旁建明倫堂。二十年春正月，聖廟成，經率文武行釋菜之禮，環泮宮而觀者數千人，雍雍穆穆，皆有禮讓之風焉。命各社設學校，延中土通儒以教子弟。」〔日〕連橫：《臺灣通史・教育志》，臺灣銀行經濟研究室編輯：（臺北：臺灣銀行經濟研究室，1962年2月），臺灣文獻叢刊第128種，卷11，頁268。

〔註4〕吳正龍：〈明鄭時期陳永華興學設教事蹟初探〉，頁140。

克塽遂不戰而降。但弔詭的是，攻克反清勢力鄭氏政權後，是否經營臺灣，卻在朝廷內起了爭議，在康熙皇帝猶豫思量之際，施琅上〈恭陳臺灣棄留疏〉強力說明留置臺灣的必要性，幾經棄留利弊的分析，康熙終於決定把臺灣納入中國的版圖加以管理。因此，「由鄭氏政權及明朝遺老沈光文、徐孚遠、王忠孝等所建立的東林救世主義的儒學傳統，亦因而瓦解。隨著第一任臺灣知府蔣毓英的上任，由康熙皇帝主導，以朱熹思想為主體的儒學教育傳統，開始橫向移植到臺灣。」〔註5〕

基本上，清廷對中國治統權力的完全實現，是在平定三藩之亂和擊潰鄭氏政權後才達到的，而為了使女真族能更順暢穩固的統治中國，並取得漢人知識階層的認同，康熙帝遂在文化思想上用心著力，儒學即是在這樣的考量下得到青睞〔註6〕，加之康熙「『讀書五十載，只認得朱子一生居心行事。』……『朕惟天生聖賢，作君作師，萬世道統之尊，即萬世治統之所繫也。』又說：『道統在是，治統亦在是矣。』巧妙的將『道統』與『治統』連結在一起，並由自己繼承之，從此士、儒賴以與君、政相制衡的道統，失去依傍，而治統從此獨大。」〔註7〕，可見康熙對宋明以來的朱子學是有所傾心的，以道統之名而行治統（政統）之實，筆者以為康熙帝的策略是相當成功的，因這在晚清臺灣彰化名儒洪棄生（1867～1929）所撰的〈崇正學論〉上中下三篇，已有如實的反映。據田啟文〈洪棄生〈崇正學論〉三篇之儒學觀〉的研析，洪棄生的正學內涵，強調《尚書・大禹謨》十六字心傳的「精一之學」，是純粹的儒家學術，排除了所有非儒家的人物。他將歷代正學的傳承一一稽求而出，共得108人，形成了儒家的學統體系。再者，其學統體系和道統體系是相通連的，因正學與道一體的，但在學統體系裡，有一個令人眼睛為之一亮的觀點是，

〔註5〕宋鼎宗：〈清領時期臺灣的儒學思想〉，收入國立成功大學中國文學系主編：《第二屆臺灣儒學國際學術研討會論文集》（臺南市：成功大學中文系，1999年12月），頁119～120。

〔註6〕佟大群從政治、思想的角度歸納指出：「鴉片戰爭以前，清朝諸帝之所以尊崇朱子學說，大致有以下三點原因。其一，朱子學說『有裨斯文』，有助於探尋儒家經傳之精微，有功於闡發學統聖道之大義。這是清代帝王推崇朱子學的深層次原因。……其二，朱子學說表彰之『道統』，于『世教民心』甚有利益，是『治統』之本、『致治寧人』之道，可有效鞏固政權統治。……其三，熊賜履、李光地等理學名臣嘉言懿行的重要影響。」佟大群：〈清代朱子學三論〉，《社會科學輯刊》第5期（2017年5月），頁181。

〔註7〕宋鼎宗：〈清領時期臺灣的儒學思想〉，收入國立成功大學中國文學系主編：《第二屆臺灣儒學國際學術研討會論文集》，頁125。

康熙被他列入學統體系中，這個看法就潛在地將政統和道統聯繫在一起了，因為就歷來的道統承繼譜系檢視，帝王能列入道統的，三代以後的帝王是不曾見的，可以說政統和道統的連結在洪棄生的學統體系裡得到一個前後的接續。〔註8〕於此，姑不論洪棄生將康熙置入道統體系是否得當，但可反證的是康熙本人確實對儒家思想和治國之術深有領會。〔註9〕

雖然康熙朝崇儒重道，但政策的實施從中央到地方往往存在落差，如就地方興學立教的需求言，清領臺灣初期，對地方文教機構的興設和儒學的推動，實未積極與事。由於「朝廷率爾賤視，地方賢儒吏只有結合社會上清寒儒士，透過在地力量以進行自我教育，因此可說臺灣的儒學、儒教根本就是來自民間社會的主體性建中立極，而與國家機器實無太多實質直接關係。」〔註10〕，而在連橫《臺灣通史》亦反映同樣興學立教的窘境：

> 清人得臺之後，康熙二十二年，知府蔣毓英始設社學二所於東安坊，以教童蒙，亦曰義塾。其後各縣增設。二十三年，新建臺、鳳兩縣儒學。翌年，巡道周昌、知府蔣毓英就文廟故址，擴而大之，旁置府學。由省派駐教授一員，以理學務。而縣學置教諭，隸於學政。其後各增訓導一員。然學宮虛設，義塾空名，四民之子，凡年七、八歲皆入書房，蒙師坐而教之。〔註11〕

> 康熙九年，頒發聖諭十六條，……雍正元年，又刊欽定聖諭廣訓，……乾隆元年，復頒書院規訓。其所以造士者，可謂切矣。然而學校不興，浮華相尚，文字之獄，捕戮無遺。其所以鈐制士類，玩弄賢才，焚書阬儒，猶未若斯之甚也。〔註12〕

〔註8〕田啟文：〈吳子光古文理論介析〉，《古典散文研究》，頁213～230。

〔註9〕故而從包裹道統外衣的治統言，有論者批評康熙時期的臺灣儒學教育，「除了歷史、社會、經濟諸條件不足外，要在以《聖諭》為主的規範，目的在齊一人民的言行，……『三綱五紀』之說，目的在養成人民『忠君尊君』的思想，終生做一個帝王的順民為唯一的前提。何況自康熙將『政統』與『道統』合而為一，並由人君統領之，學術已失去應有的獨立性，知識分子也已失去原有的抗衡精神，由此觀之，清廷的所謂教育，其目的要在為服務政治，而不在發揚學術也。」宋鼎宗：〈清領時期臺灣的儒學思想〉，收入國立成功大學中國文學系主編：《第二屆臺灣儒學國際學術研討會論文集》，頁133～134。

〔註10〕潘朝陽：〈康熙時代臺灣社會區域與儒家理想之實踐〉，收入國立成功大學中國文學系主編：《第二屆臺灣儒學國際學術研討會論文集》，頁246。

〔註11〕〔日〕連橫：《臺灣通史・教育志》，臺灣文獻叢刊第128種，卷11，頁269。

〔註12〕〔日〕連橫：《臺灣通史・教育志》，臺灣文獻叢刊第128種，卷11，頁274。

康、雍、乾三朝謂大清盛世，但對於在臺文教的提倡及施行，卻端賴流寓儒吏的用心與否，造士為國家社會所用是急切之事，然而「學宮虛設，義塾空名」，甚至「學校不興，浮華相尚，文字之獄，捕戮無遺。」，若說文字獄禁錮士子心靈，那麼科舉流弊戕害士人靈魂的程度亦不遑多讓，連橫《臺灣通史》為此現象即有貼切描述：

> 先讀三字經或千字文，既畢，乃授以四子書，嚴其背誦，且讀朱註，為將來考試之資。……又畢，授詩、書、易三經及左傳，未竣而教以制藝，課以試帖，命題而監之作。肄業十年，可以應試。其聰穎者則旁讀古文，橫覽史乘，以求淹博。父詔其子，兄勉其弟，莫不以考試為一生大業。克苦勵志，爭先而恐後焉。〔註13〕

父子兄弟醉心舉業，嚴格要求背誦朱註《四書》和習制藝文、試帖以資考試，成為當時儒學教育的根本目的。以此觀之，儒學在康熙合治統、道統為一的脈絡下，已窄化為只有朱子學，其他儒家諸學皆遭到擱置，而這種以儒學為政策工具的思維與漢代罷黜百家，獨尊儒術的作法如出一轍，因「董仲舒所建立的官方儒學體系，是漢代統治者推行文化專制政策的產物。在這種思想體系中，曾使儒家在先秦時代成為顯學的宣揚仁愛、反對專制、崇尚理性等優良傳統被徹底打破，學術個性也被泯滅。代之而起，儒家成為神化皇權、宣傳迷信、維護專制的官方理論工具和造就對皇帝唯命是從的官僚集團的人才培養機構。至此，儒家從顯學向官學的演變宣告完成。」〔註14〕但相較而言，清朝和漢代的不同處是清代為異族統治，相同處是皆需一套高明而完整的統治學說來支持其政權的合理性。因此，為了更有效的控制廣大知識分子，透過漢族所熟悉的儒學思想體系，藉由教育活動的薰習，明確的倫理規範將使文化人心更趨穩定，而朱子學即在這樣的律定下成為窄化的儒學渠道的唯一正統，從中央到地方都是如此。茲以備受臺灣儒學研究者敬重的賢良儒吏陳璸為例，康熙 52 年（1713），朱文公祠新建落成，其撰〈新建朱文公祠碑記〉云：

> 按文公宦轍，嘗主泉之同安簿，亦嘗為漳州守。臺去漳、泉，一水之隔耳，非遊歷之區，遂謂公神不至，何憒也！矧自孔、孟而後，正學

〔註13〕〔日〕連橫：《臺灣通史・教育志》，臺灣文獻叢刊第 128 種，卷 11，頁 269。
〔註14〕吳龍輝：《原始儒家考述》（北京：中國社會科學出版社，2000 年 1 月），頁 213。

失傳，斯道不絕如線，得文公剖晰發明於經史及百氏之書，始曠然如
日中天。……予自少即知誦習文公之書，雖一言一字，亦沉潛玩味，
終日不忍釋手。迨今白首，茫未涉其涯涘。然信之深、思之至。……
不動公帑，不役民夫，一切需費，悉出予任內養廉餘羨。〔註15〕

依上可知，陳璸是一位虔誠深信而沉思篤行的朱子學信徒，他認為朱熹傳承
了失傳的孔、孟正學，而臺灣、福建一水之隔，朱子學之精神更該延續到此，
故建朱文公祠以示正學之傳。從建明倫堂〔註16〕或新建朱文公祠、重修府學
所需的費用和勞役，皆「不動公帑，不役民夫，一切需費，悉出予任內養廉餘
羨」，「悉由本道衙門養廉餘羨。予所力請于兩憲而得之者，不動公帑，不費
民財。」〔註17〕的自述看來，陳璸實然是一位勤政愛民、崇道重教的好官，
故在其任內對於教育設施的興設整修不遺力，如其〈重修府學碑記〉言：

臺灣，荒島也，夫子廟在焉。聖人之教，與皇化並馳，固無海內外
之隔。而歲久弗治，有自來矣。惟大成殿巍然為魯靈光，若啟聖祠
暨兩廡、欞星門皆傾圮剝落過半。前後廟基，被水潦沖齧，陵夷就
低，竟為人畜往來雜沓之場。噫！監斯土者何人，而不一馘目傷心
於其際乎！〔註18〕

凡廟學，非作新之為難，而能默體作新之意為難；亦非作新於始之
為難，而能繼繼承承永葺於後之為難。茲余既新斯學於其始，願執
經士子咸各思發憤，以通經學古為業，以行道濟世為賢，處有守，
出有為，無負國家教育振興庠序之至意。……安知荒島人文，不日
新月盛，彬彬稱海濱鄒魯也哉？〔註19〕

〔註15〕陳璸：〈新建朱文公祠碑記〉，臺灣銀行經濟研究室編：《台灣教育碑記》（臺
　　　　北：大通書局，1987 年 10 月），臺灣文獻叢刊第 54 種，頁 5～6。
〔註16〕陳璸自陳：「乃環顧文廟又已掃地傾圮，方在選材鳩工、平基定向，為創建文
　　　　廟之舉，適行取銓部命下，而予因是不得盡心竭力於其間。雖然，人之欲善，
　　　　誰不如我，文廟之成，固有待也。獨斯堂之役，費橐于官，役不病民，向之
　　　　曠然者，今幸巍然其在望矣。義不可無一言以紀。」陳璸：〈臺邑明倫堂碑記〉，
　　　　臺灣銀行經濟研究室編：《台灣教育碑記》，臺灣文獻叢刊第 54 種，頁 1。
〔註17〕陳璸：〈重修府學碑記〉，臺灣銀行經濟研究室編：《台灣教育碑記》，臺灣文
　　　　獻叢刊第 54 種，頁 4。
〔註18〕陳璸：〈重修府學碑記〉，臺灣銀行經濟研究室編：《台灣教育碑記》，臺灣文
　　　　獻叢刊第 54 種，頁 3。
〔註19〕陳璸：〈重修府學碑記〉，臺灣銀行經濟研究室編：《台灣教育碑記》，臺灣文
　　　　獻叢刊第 54 種，頁 4～5。

陳璸為臺灣儒學教育貢獻極大心力，他不忍見廟學毀傾，竟淪為人畜往來雜
沓之場，故決意重修。但他更大的理想是讓臺灣儒學文化成為「海濱鄒魯」，
並與中國「無海內外之隔」，也期待士子執經咸思發憤，通經學古，行道濟世，
有守有為，而不是「徒習文藝，恣睢佻達，以致敗名喪檢。」〔註20〕，是故
論者多謂「府學既以朱子學為全臺倡，其它社學、書院等，同樣也以朱子學
為依歸。於是由朱學入門，進而探乎孔子的堂奧，便成為清領時期台灣儒學
的主流。……『綱常名教之際』的上諭，與朱子學，不僅是清領時期臺灣教育
『二而一』的重要指導原則，同時也是主要教育內涵。」〔註21〕例如，最早
探討臺灣朱子學議題的是陳昭瑛，她從書院學規、教育碑記中發掘帶有朱子
學內涵的思想，指出「朱子的影響也可以從臺灣的文廟、書院祭祀朱子看出。
陳璸是第一個建朱文公祠，並寫下碑文的學者。……此外，祀朱子的另一個
原因是道統問題，蔡垂芳的〈鳳儀書院宗祀五子並立院田碑〉（1873）指出祀
濂洛關閩五夫子是為了『正學統』，莊竛〈大觀義學碑記〉（1873）亦主張祀五
子是為『示學術標準』。而這主要是為了導正以科名為目的的文昌信仰。綜觀
清代臺灣儒學，朱子學是主流，朱子學的開放格局塑造了此期臺灣儒學的基
本性格，而這種影響一直19世紀末割臺前夕從未中斷。」〔註22〕。或如潘朝
陽也認同陳昭瑛對臺灣教育碑文中，有關朱子學和臺灣儒學關係的分析，尤
其是讚許陳璸是一位真正的賢良儒吏，把朱子學踏實的在地方文教上推動。
〔註23〕以為陳璸〈新建朱文公祠記〉表達了朱子儒學從閩地渡海至臺傳播的
伊始，「自康熙時期閩學或朱子儒學的儒生、儒吏之來臺始播及敷演儒學儒教
之後，臺灣即開始漸以孔孟常道慧命為其文化主體。」〔註24〕而「臺灣既入
清朝版圖，明鄭帶來的浙東南明抗拒革命型的儒學，隨明鄭滅亡而滅亡，清
朝的臺灣儒學，當然是沒有孔孟原始儒家所本來具有的至剛至健的精神，能

〔註20〕陳璸：〈臺邑明倫堂碑記〉，臺灣銀行經濟研究室編：《台灣教育碑記》，臺灣
　　　　文獻叢刊第54種，頁2。
〔註21〕宋鼎宗：〈清領時期臺灣的儒學思想〉，收入國立成功大學中國文學系主編：
　　　　《第二屆臺灣儒學國際學術研討會論文集》，頁130～131。
〔註22〕陳昭瑛：〈清代臺灣教育碑文中的朱子學〉，《臺灣儒學：起源、發展與轉化》，
　　　　頁71。
〔註23〕潘朝陽：〈康熙時代臺灣社會區域與儒家理想之實踐〉，收入國立成功大學中
　　　　國文學系主編：《第二屆臺灣儒學國際學術研討會論文集》，頁254。
〔註24〕潘朝陽：《明清臺灣儒學論・從閩學到臺灣的傳統文化主體》（臺北：台灣學
　　　　生書局，2001年10月），頁148。

夠勤政愛民如陳清端公已經是最高標準的清代臺灣儒家矣。」〔註25〕，因此，「臺灣距福建只一水之隔，故其儒學，大體源於閩學，而福建正是『理學名臣』李光地的故鄉，其所象徵的清代朱子學，特別表現了清初諸帝欽定出來的清朝帝王儒學。換言之，清代臺灣的儒學教育，是福建儒學教育的延伸。」〔註26〕

　　誠如上述，臺灣儒學和朱子學的關係，以現在學界的普遍認知而言，朱子學是臺灣儒學的核心，這是伴隨臺灣科舉員額逐步提高，各地官學、書院、社學、義學等機構增多後的應然結果，但是在朱子學因科舉而拓展的過程中，臺灣儒學也失去了活力。再者，清代臺灣儒學在學術傳承上，今人多主張為福建朱子理學的延續，但卻疏略其與當時中國學術思潮的關係，所以在評價吳子光的學術成績時難免失諸局隅，而未能充分把握台灣儒學的面貌。此原因在於「思想史與社會史的研究方式有其本身的限制。這種研究的長處是能夠把思想的發展放在當時的文化、學術、社會、政治等情境中求得了解，因而予讀者以既生動又具體的印象；其短處則是稍不經意即容易流入某種方式的化約論以至決定論，使思想的自主性消失在外緣情境之中。」〔註27〕，如學者潘朝陽言：「臺灣地方儒士吳子光雖有臺灣名士之美譽，對於臺灣的真正人文光輝，卻遠不能有所見，陋哉！在這裏看到八股科舉下自甘於帝王術下面被扭曲的朱子學者的悲哀；也看到了清代邊陲臺灣儒學的邊緣性。」〔註28〕，或者如黃麗生所責難吳子光的學思是：一、尊君父而不見道體。吳子光只能在外在可見的「人倫日用」中求「道」，於焉形成只尊君父卻不見道體的思想侷限；二、無進取的海洋意識；三、無性理之學的深度等。〔註29〕從潘、黃兩論者所批判之處，顯見是用朱子學的框架來衡量吳子光，但是任何人的思

〔註25〕潘朝陽：〈康熙時代臺灣社會區域與儒家理想之實踐〉，收入國立成功大學中國文學系主編：《第二屆臺灣儒學國際學術研討會論文集》，頁257。

〔註26〕潘朝陽：《臺灣儒學的傳統與現代》（臺北：國立臺灣大學出版中心，2008年9月），頁92。

〔註27〕余英時：〈余英時先生序〉，田浩：《朱熹的思維世界》（西安：陝西師範大學出版社，2002年8月），頁1。

〔註28〕潘朝陽：《臺灣儒學的傳統與現代》，頁109。

〔註29〕黃麗生：〈臺灣客家儒紳海洋意識的轉變：從吳子光到丘逢甲〉，《海洋文化學刊》第2期（2006年12月），頁132～142。該文亦收入氏著《邊緣與非漢：儒學及其非主流傳播》（臺北：國立臺灣大學出版中心，2010年5月），頁327～388。

想、學術都有其局限性，吳子光亦如此，只是若單由思想史與社會史其一的角度來論斷吳子光的學思品行，有可能會如余英時先生所說的「稍不經意即容易流入某種方式的化約論以至決定論，使思想的自主性消失在外緣情境之中。」因此，筆者特立「吳子光的漢、宋學立場」一小節於下文，試圖以吳子光學思為闡釋媒介，從中國學術思潮的進展和臺灣儒學之間可能存在的連繫著眼予以補白。

二、吳子光的漢、宋學立場

筆者之所以稱清代臺灣朱子學為特殊視野下（或可稱之帝國視域）的窄化儒學，其原因是吳子光的學思是無法用朱子學來框架的，其諸多著作所反映的思想觀念就足以證明此點。

首先，先來看看連橫《臺灣通史‧流寓列傳》如何介紹吳子光：

> 吳子光，字芸閣，廣東嘉應人。年十二，畢大小經，始學科舉文。數試不售，乃渡臺，寄籍淡水。兵備道徐宗幹見其文，頗相期許。同治四年，舉於鄉，遂遊搢紳間。同知陳培桂議修廳志，聘任筆述。嗣館三角仔莊呂氏家。呂氏為彰化望族，家富好客，藏書多。子光雅愛古人，又嗜阿芙蓉，擁書讀，自以為樂。顧為人憤懣，胸中磊塊，時流露筆墨間。其文曰一肚皮集，謂採朝雲戲東坡之語。呂氏為刊行，附小草拾遺一卷。又著三長贅筆、經餘雜錄，稿存呂氏。然其文駁雜，反不若考據之佳。光緒初年卒，呂氏以師禮葬之。〔註30〕

依連橫所述，吳子光之文受到兵備道徐宗幹高度期許，故有文名；淡水同知陳培桂聘任他為修《淡水廳志》的筆述，故有作史之長；好讀書，自得其樂，然性格耿直不群，憤懣之氣常流露筆墨間，著作甚豐，計有《一肚皮集》、《小草拾遺》、《三長贅筆》、《經餘雜錄》等，故有著作才。「然其文駁雜，反不若考據之佳。」是連橫對吳子光學術、文章的總體評價。吳子光文章有駁雜的現象，是因他行文時喜好用典，一篇當中典實用多了自然會阻礙閱讀的流暢性及樂趣，而這恰好證實了「考據佳」是吳子光的學術特色之一。然而，有文名、有作史之長、有著作才的吳子光，是否如連橫所言只是以考據一家鳴，筆者認為這是一個值得存疑的判定。理由有三，第一是關於「有文名及其思

〔註30〕〔日〕連橫：《臺灣通史‧流寓列傳》，臺灣文獻叢刊第128種，卷34，列傳6，頁982～983。

想」，道光 28 年（1848），吳子光能獲補為臺灣府學廩生，是因其才學得到了徐宗幹的賞識〔註 31〕，而此處的「文名」自然不會是制藝文名，吳子光勻象之後，出入經史，旁涉諸子百家並及稗官小說，其知識學習的範圍寬廣，為文則以司馬遷為宗，韓愈為師，且廣參漢、唐、宋、元、明諸大家，故能深於「古文之學」。若是以「古文之學」為性命，那麼以朱子四書學為作文精神指引的官學儒學教育，就不可能成為他學術思想的主軸，更何況吳子光已表謹守「一生以經史為性命」〔註 32〕和「生平以文章視性命，不以存歿視性命。」〔註 33〕之志。雖然多數學者認為臺灣儒學是朱子學的延伸，證據之一是教育碑誌的記載，不論官方儒學或書院、文廟的課程內容等，都映現了朱子學是士子所有學習的主軸，只是若仔細考察士子的課程學習科目，會發現經、史學是主體，諸子百家、文學次之，學習項目也是多元的，茲舉林豪〈續擬學約八條〉數條為例：

> 一、經義不可不明也。士君子窮經，將以致用；必能明其義蘊，斯識見定、理解精、持論有本有末，以之用世，自無難處之事。如漢儒以經義決獄，以「洪範傳」推度時事。〔註 34〕

> 一、史學不可不通也。三史之學，一曰正史，若馬、班之書是也。一曰編年，若「通鑑綱目」是也；一曰紀事，若谷應泰「明史紀事本末」是也；其他「三通」、「地志」等書，皆史家之支流，涉獵焉可也。夫史書浩如淵海，苦難遍讀，故治史者，必自朱子綱目始。⋯⋯有三益焉：一可知古今之事變，人品之賢否；一可識史家筆法，與義例之異同；一則典雅字句，隨意摘出，可為行文之取資挹注，更覺靡盡。凡此皆讀子、史百家之良法也。然讀書尚友，必能知人論世，故有時讀至疑難之事，試掩卷思之，設身處地，當如何處分？

〔註 31〕 徐宗幹對吳子光而言，可謂是惜才知音，他注重的是士子的品德志氣，讀書作文皆是挺立才格之法，如「道光間，徐宗幹任巡道，力整學規，拔其尤者入院肄業。每夜必至，以與諸生問難。訓之以保身立志之方，勉之以讀書作文之法。一時諸生競起，互相觀摩，及門之士，多成材焉。」〔日〕連橫：《臺灣通史·教育志》，臺灣文獻叢刊第 128 種，卷 11，頁 274。

〔註 32〕 〈寄張子訓同年書〉，王國璠執行編輯：《吳子光全書（下）·一肚皮集》，卷 3，頁 139。

〔註 33〕 〈答客問〉，王國璠執行編輯：《吳子光全書（下）·一肚皮集》，頁 90～91。

〔註 34〕 林豪：〈續擬學約八條〉，《澎湖廳志·文事·書院》（臺北：臺灣銀行經濟研究室，1963 年 6 月），臺灣文獻叢刊 164 種，卷 4，頁 120。

而後觀古人究如何處分。其增長智識，尤不少焉。〔註35〕

一、文選不可不讀也。「昭明文選」一書，為古學之總匯、詞賦之津梁。自唐以來，如老、杜猶教兒熟精選理，豈得難讀而置之？……他若屈子之「騷」，武侯之「表」，「春秋」、「毛詩」之「序」，蘇、李、陶、謝之詩，皆出其中，……朝夕吟詠，以為根柢，則出筆自可免俗矣。昔人謂做秀才者，胸中目中無「綱目」、「文選」二書，何得謂秀才哉？蓋惟習此二書，則胸中乃有古人，而筆下方能超出時人耳。〔註36〕

一、禮法不可不守也。夫禮法之所賅，亦甚廣矣，由勉亭之言，所謂倫之明、志之篤、理欲之必辨、師友之是尊，以至勵躬行、戒詞訟，皆範圍曲成於禮法中，而率履勿越者也。必能守如處女之固，而後免為小人之歸，可不謹歟？古人云：做秀才時，當如閨女，要畏人也。既入仕途，如健婦，要養人也。及退休林下，如老嫗，要教人也。〔註37〕

在林豪對書院士子品學的養成教育想像中，明經義、通史學、讀文選和守禮法等教育都是必要的，多元的學習課程是為了讓士子於儒學的塑造化育過程裡，培養一種樂於承擔社會責任的勇氣。然而，又有論者以為臺灣儒士在清帝以科舉為手段的統治下，臺灣儒士的主體性已被扭曲為順從性，成為奴僕型官僚，等而下之的，墮落為小人儒。〔註38〕設若這個判定是符合實情的，那麼澎湖通守胡建偉〈學約十條〉中第二條「端志向」的宣示：「世人讀書，不志道德而志功名，所向已差了。況所稱功名，亦只是科第耳，官爵耳，非真欲建功立名以垂不朽也。以富貴為功名，富貴之外，復有何來？趨向不端，

〔註35〕林豪：〈續擬學約八條〉，《澎湖廳志・文事・書院》，臺灣文獻叢刊164種，卷4，頁120～121。

〔註36〕林豪：〈續擬學約八條〉，《澎湖廳志・文事・書院》，臺灣文獻叢刊164種，卷4，頁121。

〔註37〕林豪：〈續擬學約八條〉，《澎湖廳志・文事・書院》，臺灣文獻叢刊164種，卷4，頁123～124。

〔註38〕按潘朝陽之見，清代臺灣儒者若無自覺自主，接受儒學教育一心只想中科舉，那麼就會落入敗德之地，因「帝王念茲再茲的是怎樣假借並扭曲朱子理學，以科舉為機器，將儒士壓塑變形為奴僕型官僚，以『帝王師的神聖訓誥』來訓飭儒士們，果真造就了兩百多年清廷官場中代代薰習的大批小人型儒士。」潘朝陽：《臺灣儒學的傳統與現代》，頁105。

宜其所學皆非也。毫釐之差，千里之謬，正在於此。」〔註39〕就成了儒學、
書院學約所揭示的教育宗旨的最大諷刺。〔註40〕或許吳子光也正是在同樣的
審驗標準下被歸為鄙儒類的人物的。

再者，身為府學廩生，吳子光自當通讀朱子學，或者終身服膺程朱理學，
所作文章內涵皆以程朱思想為矩範才是，但事實上卻不然，按其學習宋明理
學的心路歷程，曾言：

> 按說理之書，以《論語》為第一，坦白易曉，群賢不能出其範圍，
> 《學》、《庸》以落第二義矣。……此外，言性鮮有不墮魔障者。張
> 子〈西銘〉、周子《通書》，精微奧博，予窮年探索，茫然不得其指
> 歸，真釋家所嗤鈍根者也。吾謂道在人倫日用間，但察識擴充，以
> 考聖賢之成法，究理道之當然，使事事真實而無妄，即性理即學問
> 也。若故為艱深元遠之說，反覆數千百言，強立門戶，是以性理當
> 談禪矣。〔註41〕

據上文所述，《論語》是說理之書裡第一名，不僅文字坦白易曉，且在實踐社
會生活的各式作為中，可察識言行是否適禮，進一步覺思是否契理，符應聖
賢成法，所行之事皆真實而無妄，在人倫日用的操持間得情理之「當然」，治
學和育德都能在實踐當下合禮契理而心無所礙，通性理為一，也就是在一形
下世界下學而上達，證立人道之極。因此，北宋張載〈西銘〉、周敦頤《通書》
等精微奧博的形上理論，因過於「艱深玄遠」，以致吳子光即使「窮年探索」
仍「茫然不得其指歸」。於此，可看出自小浸潤在四書五經、時文舉業訓練的
吳子光，似乎不太受朱子學所左右，而有意選擇一條自己所願悠遊的學術之
路。是故，他所虔心致意的是「聖賢道理不在倫常之外，人謂卑之無甚高論

〔註39〕胡建偉：〈學約十條〉，〔清〕林豪纂：《澎湖廳志・文事・書院》，臺灣文獻叢
刊 164 種，卷 4，頁 113。

〔註40〕又如第七條「讀經史」也強調：「自世之學者，以讀書為作文，而設如薛文清
所云，學舉業者，讀經書只安排作時文科用，與己原無相干，故一時所資以
進身者，皆古人之糟粕；終身所得以行事者，皆生來之氣習，與不學者何異？
然此等讀書，雖無心性之益，猶有記誦之功也。惟近來場中擬題一件，最為
惡陋。其不出題者，忽而不講；即出題之處，亦不過略曉大意，僅能敷衍成
文而已。更有剽竊雷同，即章句亦多茫然也。本經如此，他經可知；又安望
其兼讀諸史以為淹通之儒耶？」胡建偉：〈學約十條〉，〔清〕林豪纂：《澎湖
廳志・文事・書院》，臺灣文獻叢刊 164 種，卷 4，頁 116～117。

〔註41〕〈總論・附論文數則〉，王國璠執行編輯：《吳子光全書（下）・一肚皮集》，
卷 1，頁 29～30。

也，乃舍其易知簡能者而別求一高遠難行者，於是道遂入于魔障中而不自知。」
〔註42〕，筆者以為著意於倫常日用生活中契道，這除了與其性分趨向有關外，
也可能和他對「道」的理解及詮釋有關，以簡能易知代複雜艱深，方不落入
如談禪般的魔障中。為此，吳子光舉王陽明之學是否為禪學為例，分判道學
有真、偽之別，如〈陽明禪學辨下〉云：

> 或高談心性，剽竊儒先語錄著論數千言，毅然以道統自任，由君子
> 觀之，直偽道學耳，餘則專習八股茫然不知經史為何物，沿譌襲謬，
> 余方訾其蕪穢，欲進莊列之筆與陽明先生之文以藥之，不虞俗儒復
> 揚其目而樹之敵也，……，後之學者，修身踐行，使事事循規矩于
> 無失，器識己端，文藝隨之，裴行儉之言豈徒為王、楊、盧、駱針
> 砭已哉！若詞章一事，務使學者有本原，無為東坡所竊歎焉，則善
> 矣！〔註43〕

吳子光從崇實黜虛的觀點出發，批責俗儒高談心性，以「道統」承擔者自任，
實際上卻對「經史為何物」茫然不知，專以「剽竊儒先語錄」為能事，恣肆空
言、沿譌襲謬而無所歸，洋洋得意之餘竟已蔽闇到容不下一點其他聲音，這
情形在吳子光看來就是「偽道學」，因「偽道學」者難以事事循規矩于無失，
修身踐行是為了端己正心，擴培器識，器識遠大，發之為文藝則文境亦隨之。
是故，「道」是在倫常踐行中得契，「不明乎此，徒剽竊先賢語錄謂性理在是，
道統即在是，亦誰得而奪之。然所貴乎道學者，豈在語言文字之末哉，既不
能為真道學以嗣千聖百王之統則，何如以誕軀腐以辯起衰，自成一則古文章
乎！」〔註44〕顯然有真道學才有真文章，不落入道學腐氣之習〔註45〕，即有
切己修身之實，方能體悟聖賢遺教，所謂的「語言文字之末」概指剽竊先賢

〔註42〕〈匡章不孝論上〉，〔清〕吳子光：《經餘雜錄》（臺北縣：龍文出版社，2001
　　　　年6月），第6冊，卷10，「論辯類」，頁57。
〔註43〕〈陽明禪學辨下〉，〔清〕吳子光，高志彬主編：《經餘雜錄選》，第6冊，卷
　　　　10，「論辯類」，頁103～104。
〔註44〕〈書《莊子》書後共三十三篇〉，王國璠執行編輯：《吳子光全書（上）‧經餘
　　　　雜錄》，「書後題跋類」，卷1，頁47。
〔註45〕「文章千古事，得失寸心知，老杜先得我心之所同然矣。若謂因文見道，則
　　　　吾豈敢。兩晉當風流，南宋尚理學，一流為放蕩，一失之迂拘，勢已積重難
　　　　返，余則不夷不惠，可否之間，兩廡中即無吾輩坐位庸何傷？……余遊色界
　　　　天中，攀之折之如漆雕開略見大意，亦未嘗煦煦孑孑墮入道學腐氣中。」〈答
　　　　客問〉，王國璠執行編輯：《吳子光全書（下）‧一肚皮集》，頁90～91。

語錄以代聖人立言的八股文流弊言，而為了端正士風，吳子光提出以王陽明為儒者的美好典範，〈陽明禪學辨上〉言：

> 古今人，才兼理學經濟文章而一之者絕少，能兼者惟餘姚王文成公乎！……閩、關、濂、洛以理學著，固卓然聖賢之徒矣。攷兩廡人物，惟韓范經略西夏，材兼將相耳，其他無聞焉。王公講學摘取孟子良知立說，不過使人認識心體而已，何嘗教人耽禪寂之味，標赤幟以立門戶哉！夫道在人倫日用之間，不在先天无極之初，求道在身體力行之際，不在語言文字之末，俗儒乃襲秦客廋詞，詆之為禪可乎？〔註46〕

吳子光以理學、經濟、文章三者辯駁陽明學為禪學的世人指摘，他說兩廡人物，即如韓琦、范仲淹之材亦只兼將相而已，至於朱熹、張載、周敦頤、二程等閩、關、濂、洛諸派理學名儒，固卓然聖賢之徒，但仍不及王陽明集理學、經濟、文章之大成，合內聖外王為一。在吳子光的理解中，王陽明擇取《孟子》良知立說，是使人能認識心體的簡易直截心法，與耽入禪寂之法無關，更無涉旨意高遠，義理精微奧博的佛學。接著吳子光又再一次凸顯「道在人倫日用之間」，而不在虛無的先天无極之初；求道在身體力行之際，不在語言文字之末纏結。

人人的質性不同，敏鈍各異，治學成德的深淺自然隨之有高下，筆者發現吳子光「即性理即學問」的觀點，和戴震「學以養智」、「以情絜情」的義理學思想似有暗通。例如吳子光論史以「恕道」為「情理」的核心，常揭揚「設身處地」、「達情通理」、「無過與不及」之旨（〈春秋紀侯大去其國後論〉、〈春秋鄭候克段于鄢〉、〈史論一〉、〈《孟子》匡章不孝論〉上中下三篇等），而讀書修身和文字事業更是其生活重心所在；或如「孰謂世事無皂白哉？故必有賢高曾乃有佳子弟，天理即在人情中，決然無可疑者。」〔註47〕、「流行於天地間者道也。權其輕重大小之數，而無失之過不及者則為中庸之道。凡有意為畸行以矯激成名，出乎情理之外者，即非中庸。」〔註48〕等強調情理得乎中

〔註46〕〈陽明禪學辨上〉，〔清〕吳子光，高志彬主編：《經餘雜錄選》，第 6 冊，「論辯類」，卷 10，頁 97～98。

〔註47〕〈起成公家規暨祀典序〉，王國璠執行編輯：《吳子光全書（下）・一肚皮集》，卷 18，頁 1225。

〔註48〕〈史論一〉，王國璠執行編輯：《吳子光全書（下）・經餘雜錄》，卷 9，頁 557。

的看法，也與戴震「以我之情絜人之情，而無不得其平。」〔註49〕的絜情得理之恕道觀相類。對比於戴震的性情、情理說，戴震所謂的真知是「於物情有得而無失」也就是「是心之明，能於事情不爽失，使無過情無不及情之謂理」〔註50〕在這人性的內容開展為情、欲、知三個相互依連的結構裡，戴震重情尚知、肯定人欲的思維是相當清晰的，而且「由於人性的自然義的正視，戴震鬆開了理學風習下緊繃的道德優位論斷，對平常的人情、欲望有了一份肯定、接納和同情。」〔註51〕是故，戴、吳兩人的「情理觀」就平實的人倫日用實踐而言，確有交接共通處，且吳子光一再強調道在人倫中，藉由實踐去體會人倫之理，領悟道是人在實際的生活作為中與之相契而顯現的，而非紙上空談，想像一玄妙之理存於一形上世界，就此而言，吳子光隱然脫出了朱子學的牢籠而近於乾嘉時期戴震開啟的「乾嘉新義理學」——應然於時勢遷變而轉向的「傳統經典」新詮釋模式。〔註52〕

　　第二是關於「有作史之長」。同治8年（1869）秋，淡水廳同知陳培桂抵任，從其與吳子光的交往來看，兩人的情誼似乎不淺，這在〈芸閣山人別傳〉

〔註49〕「理也者，情之不爽失也；未有情不得而理得者也。凡有所施於人，反躬而靜思之：『人以此施於我，能受之乎？』凡有所責於人，反躬而靜思之：『人以此責於我，能盡之乎？』以我絜之人，則理明。天理云者，言乎自然之分理也；自然之分理，以我之情絜人之情，而無不得其平是也。……反躬者，以人之逞其欲，思身受之之情也。情得其平，是為好惡之節，是為依乎天理。」〔清〕戴震撰，張岱年主編：《戴震全書（六）‧孟子字義疏證》（合肥市：黃山書社，1995年10月），卷上，頁152。

〔註50〕〔清〕戴震撰，張岱年主編：《戴震全書（六）‧孟子字義疏證》，卷上，頁154。

〔註51〕劉又銘：〈明清自然氣本論的《論語》詮釋〉，收入黃俊傑編：《東亞論語學：中國篇》（臺北：國立臺灣大學出版中心，2009年9月），頁448。

〔註52〕潘朝陽對乾嘉時期儒學內部發生的變化，似乎有意用官方和民間社會做為漢學和宋學在兩個不同學術環境發展的區隔：「清朝的中土儒者，並非統都甘於清帝的豢養而為清室的奴僕。清初顧、黃、王大儒以及浙東學派之史學家的堅貞與執守，固不論矣。就清初蓬勃發展起來的『漢學』陣營而言，雖然乾嘉之後，由於在其進路侷限下而逐漸與日用民生的關懷愈隔愈遠，發展成只是辨、證、校、補文字的『考據學』，但在民間社會和文化領域，卻多有儒士試圖從宋明儒學的傳統思維方式有所突破而建立一個新詮釋典範的儒家義理；他們一直關心儒家的本體宇宙論和心性論，反對宋明儒學的道體形上架構，而強調情與氣的器世界本身的價值，他們也反對懸空地高談道德的心性，而主張通過智性心實踐道德之重要性，也主張與其高談闊論『天理』，不如『禮』在社會庶民身上的真正落實，這些清儒之代表人物有戴震、焦循、淩廷堪、阮元等等。」潘朝陽：《臺灣儒學的傳統與現代》，頁110～111。

有所呈現：

> 當事中可稱知己者惟陳香根司馬一人……司馬之言曰：『吾宦轍半
> 寰區，欲因以陰求天下奇士，獨遇山人才品雙絕，蓋非陽山區冊之
> 流，庾嶺以南一人爾』。因為籌家計與身後名，且云藏之名山，傳之
> 其人。此種風味皆塵俗吏所厭聞，獨司馬破格為之。〔註53〕

吳子光視陳培桂為當事中的知己，是因陳培桂真識誠賞他的才華品調，視他
為天下奇士，尤其在作史方面更是不可多得的才俊，如〈一肚皮集敘〉云：

> 乙丑舉于鄉，因得與名公鉅卿遊，……會香根陳侯奉檄署淡水，篆
> 既至，政成民和有議修廳志之舉，侯與僚友謀曰：『江淹有言，修史
> 莫難於志。今郡邑志即史之流派也，非才學識兼長與其人心術品行
> 粹然，無傾險側媚之習者不足以膺厥任，微吳君，吾誰與歸。』即
> 遣使幣聘，一見如平生歡。〔註54〕

陳培桂讚譽吳子光才學識兼長且心術品行粹然，無閹然媚世之習，故委以修
史大任。基本上，筆者認為「恕道」是吳子光作史、論史的中心史觀，表現為
「持躬宜恕，論古更宜恕」〔註55〕、「臣節與民命兩全」〔註56〕和「今史論傷
於深文者，殊失忠恕之道。」三個層次，即從道德修養、國家公義和歷史評論
角度，由個人到群體、時空和文化來全面論述人情事理於形下經驗世界的進
退之道，這種以達情適理原則來衡量人我、社會、世界三者互動關係的眼光，
與先秦質樸儒學或乾嘉新義理詮釋學不謀而合。

第三是關於考據。吳子光長期在考據學著墨甚多也深有所得，他在〈考
據之難〉、〈問答瑣語·共十二條〉、〈考·序言〉提出獨到的見解，如云：

> 文章家持論難，數典亦難。蓋古今冊籍如淵海，偶得一知半解，貿
> 貿然欽為千古不傳之秘，吾誰欺，欺天乎？按古人如鄭夾漈最稱博
> 洽，然所作《通志》，《昌黎論語解》、《論語類》兩出，則嵇康才多

〔註53〕 〔清〕吳子光：〈芸閣山人別傳〉，王國璠執行編輯：《吳子光全書（下）·一
肚皮集》，卷7，頁333～334。

〔註54〕 〈一肚皮集敘〉，王國璠執行編輯：《吳子光全書（下）·一肚皮集》，頁2～
3。

〔註55〕 「作史論史評者，動稱簡策中無全才，書生習氣，磨宋、元至今如一日。……
吾謂持躬宜恕，論古更宜恕，豈辭章之學大言欺人？僅口過可比哉！」王國
璠執行編輯：《吳子光全書（中）·三長贅筆》，〈東萊博議〉條，頁58。

〔註56〕 〔清〕吳子光：《經餘雜錄選·春秋紀侯大去其國後論》，第6冊，卷9，頁
18。

為累耳！……總之，古愈汲愈深，疑愈蓄愈敗，虛其心，實其力，勤勤懇懇以求是正，勿至兔冊豹文急索解人而不得。〔註57〕

吳子曰：考據之學難言也，非宏博之難而確當之難。〔註58〕

考據與辭章是兩事亦是一事，非才識卓絕又能盡讀古人之書而得其要領者，未足與語此。不然賈公彥、孔穎達諸公於學無所不窺矣，然後人猶有遺言者何也？本朝文士喜言考據，雖所得有深淺，皆賈、鄭門庭中人，大約考據之學引證不難，難其明晰；淹博不難，難其斷制。此樹人中丞評余文云爾。夫所謂斷制者即《史通》才學識之說也，雖有不及，不敢不勉。〔註59〕

考據學是需要投入無比精力和發揮恆心、耐心的學問，是故學者得虛心實力，勤懇以求是正，才不致流為與膚淺鄙陋之兔冊豹文相類。又因「持論難」、「數典難」，若「偶得一知半解」就被昏瞶的迂儒佩服為得千古不傳之秘，這只是自我欺騙罷了。關於考據學，吳子光和巡撫徐宗幹也有所討論〔註60〕，雖然〈考・序言〉一文看不出徐宗幹對「乾嘉考據學」〔註61〕有何評議，但可推知對「唯漢是尊」，「皆賈、鄭門庭中人」的惠棟一派無法苟同。而治考據學之所以難用言語盡述，非宏學博識之難而是難在「確當」，否則為何於學無所不窺者如賈逵、孔穎達諸公，仍受到後人諸多的批評呢？要言之，吳子光在考據學上所注重的是名物制度、典實人物等在引證時，如何產生確當明晰的意

〔註57〕〈考據之難〉，王國璠執行編輯：《吳子光全書（下）・一肚皮集》，卷 1，頁 14～16。

〔註58〕〈問答瑣語・共十二條〉，王國璠執行編輯：《吳子光全書（下）・一肚皮集》，卷 15，頁 937。

〔註59〕〈考・序言〉，王國璠執行編輯：《吳子光全書（下）・一肚皮集》，卷 13，頁 789。

〔註60〕同治二年（1862），徐宗幹繼瑞璸升任福建巡撫，同治 5 年（1866）卒。吳子光對他有很高的評價：「巡撫八閩者為徐公宗幹，治閩多惠政，……而事大小罔弗治，真合循吏、儒林、道學、文苑諸家為一家者，洵一代偉人哉！……光昔受公知補廩，屢以雋才相推許者也。」〈寄徐次岳孝廉書〉，王國璠執行編輯：《吳子光全書（下）・一肚皮集》，卷 3，頁 167～168。

〔註61〕張濤認為「乾嘉漢學考據典範之成立，仍當以兩事為關鍵點：一為乾隆十九年（1754）甲戌科會試王鳴盛、紀昀、王昶、朱筠、錢大昕等人高中進士及戴震入都，此為漢學學風侵入京城之標志，二為乾隆三十八年（1773）開四庫全書館，漢學家大本營就此成立，并反哺地方私學發展。」張濤：《乾隆三禮館史論》（上海市：上海人民出版社，2015 年 12 月第 1 版），頁 285。

義關連，以及如何運用史學「才、學、識」之法為決斷的根本。此中可見，吳子光的考據學理念彰顯了主體自由意識，不是為考據而考據，一頭栽進故紙堆而對現實世界的變化渾然無所感。

再者，若把吳子光的學術關懷置於清代學術發展脈絡中審視，尤其是戴震、吳子光兩人的「情理觀」、「讀書治學」〔註62〕等，或能隱見其和當時學風的深淺親疏關係。清代是一個透過文字、訓詁考證方法重新注解儒家經典為學風的時代，但在乾嘉考據學風熾的學術氛圍下，「有一部分人固然淡化了『經世致用』、『救民以言』的初衷，滋長了為學術而學術的旨趣；而另外一些學者，如戴震、焦循、阮元等，由於『隱有所痛於時政』，則力圖借語言文字的考據和儒學經典的解釋，闡發出可以『使天下無不達之情，求遂其欲而天下治』的人道哲學。」〔註63〕這意味在理解、詮釋儒家原典的過程中，逐漸形成清學特有的「崇實黜虛」的精神背後，一種殊異於程朱理學的新義理學正在形成〔註64〕，是故清代學術內部發展的趨勢漸以「求真和致用」為主流聲音，不過從乾隆藉保舉經學和科舉取士的措施運用著眼，顯然其目的不在經籍考證的純學術研究（漢學），而是透過經術來導引世道人心或端正學風士行（宋學），但不可否認的，保舉經學和科舉取士的政策確實讓學風起了變化，「即經學——經籍研究受到重視，然而這時吳皖等地民間經學業已成風，清廷不過對此被動嘉納，要說朝廷舉措開啟了漢學端緒，則談不上。……此時所謂『經學』，即理學也，不過不是奢談義理之理學，而為研經讀史之宋學。

〔註62〕對讀書治學一事，吳子光嘆道：「鐵梅道人手一編兀兀坐，口唫目覽歷數十年于道茫無所得，心拂鬱者久之，不禁釋卷歎曰：書乎！書乎！浩乎！渺乎！洋洋乎！將安所窮乎？終竟百年抱書以殉乎？昔人稱杜預有《左》癖，白居易有章句癖，和嶠有錢癖。道人合杜、白之癖以為癖，且喜無和嶠錢癖，……安有繫名聲之韁鎖哉？或嗤道人好名且謂上士逃名，不知上士何嘗逃名，老莊勿論。……總之，讀書為天下第一難事，惟知其難而勿以矜心掉之，其庶乎！」見〈學然後知不足說〉，王國璠執行編輯：《吳子光全書（下）‧一肚皮集》，卷9，頁623～625。

〔註63〕周光慶：《中國古典解釋學導論》（北京：中華書局，2002年9月），頁126～127。

〔註64〕可知清學「在歷經清初辨偽學之興盛以後，一方面考據學益熾，另方面理學權威不復，考據學才真正取代理學的學術主流地位，兩種學術間才出現典範轉移之學術型態嬗遞的。但若要說到理學的『義理學典範』危機——純粹從義理學角度看待理學的信仰危機、對理學的義理質疑，那便要聚焦於義理學範疇的思想體系殊異問題了。」張麗珠：《清代的義理學轉型》（臺北：里局書局，2006年12月），頁11。

經學、理學，在弘曆為一物，曰古聖先賢之學而已，非如今人談論學術範式形態時所區而別之者。……乾隆初年廟堂重視經學之舉，不宜納入漢宋之爭視角進行觀察。」〔註65〕因此，漢學和宋學（主要是朱子學）群體的真正分派對壘，並不在於經注經義詮釋主導權的取得，而是思想關注的焦點已悄然隨社會文化遷變而轉移，誠如張麗珠的研究所言：

> 「漢宋之爭」，其初是起於清儒對漢儒、宋儒的經說經解各有取捨立場，屬於考據學範疇內的經注經義孰優孰劣之爭，此時尚未形成意識形態對立，爭議不大，清儒的宋學派也未反擊，因此還不能說是「漢宋之爭」；後來則由戴震領軍的「乾嘉義新義理學」強調經驗取向的道德學，遂和理學「道德形上學」思想體系出現格格不入的理論衝突，於是「漢宋之爭」從經說的考據層次正式轉入哲學層次的「形上取向／經驗取向」之爭，這才是最核心的爭端所在。是故學界把「漢宋之爭」簡單化約成考據學和義理學的學術爭勝時，乃有所謂「調和漢宋」、「折衷漢宋」說法提出，……因此從第三個層次的哲學高度來看「漢宋之爭」，則一種屬於思想演進歷程中的新舊思想對立，是根本不能調和的歧見。是故「漢宋之爭」就是在清代兩種不同義理系統之各自表述中，達到了最高峰的。〔註66〕

如果「漢宋之爭」是屬於不同義理系統的各自陳述，那麼他們應該是平行關係，所謂「調和漢宋」、「折衷漢宋」的努力也就無濟於事了。但又有學者以為「漢學興盛的乾嘉時代，在具體的路徑方法上，各個學派縱然各有主張，但他們究心于古聖義理、聖王道統之初衷卻毫無二致。乾嘉考據學與清代朱子學之間共依共存、彼此交融。考據學者秉承朱子理論，朱子後學亦作考據文章。經典考據與義理探求之間，是一而不是二的關係；乾嘉學術與朱子學之間，是一而不是二的關係。至於『乾嘉考據學』、『清代朱子學』的提法，更多地是為了學術研究的便利而『強名之』罷了。」〔註67〕於此，不論是「不同義理系統的各自陳述」，或是「乾嘉學術與朱子學是一而二的關係」，就漢、宋學兩派同以《六經》為詮釋經典，闡解聖王之道為己任而言，他們在方法

〔註65〕張濤：《乾隆三禮館史論》，頁284。
〔註66〕張麗珠：《中國哲學史三十講》（臺北：里仁書局，2007年8月），頁496～497。
〔註67〕佟大群：〈清代朱子學三論〉，頁183。

選擇、義理應世方面確然存有差異。

　　以此反觀吳子光的漢、宋學立場，筆者認為吳子光有朱子學的功底，但不為清代功令化的朱子學所縛，而直通宋明理學之本。他好作考據，一部分原因是出於性分（興趣）所致，一部分則應是受清代學風影響。值得一提的是，「宋學」該詞的內涵不應只限縮為程朱理學，這在余英時先生序田浩《朱熹的思維世界》一文，即有精當的分析：

> 「理學」一辭專指程朱一派的哲學立場，不能用來籠罩整個南宋時期，……作者（田浩）不取《宋史・道學傳》的「道學」觀念，因為這是程朱學術變成欽定的「正統」以後的狹義用法。相反的，作者主張回到北宋早期對於「道」和「道學」那種較為寬闊的理解；因此他說道學涉及儒家理論中互相關聯的三個層次：(1)哲學思辯，(2)文化價值，(3)現實政論。……現代學者過度醉心於宋代「形而上學」──即第一層次──的研究，因而不免對其他兩個相關的層次有所忽略，這正是我在前面所說的思想史研究和哲學史研究的不同。〔註68〕

道學在南宋理宗朝被尊為正統後〔註69〕，其思想、文化、政論辯難的多元與活潑性也漸失去，田浩雖承認朱熹代表了南宋道學的主流地位，卻不能認同他的正統，因正統的確立是權力結構運作下的產物，也意謂多元聲音的空間將遭到壓縮。〔註70〕正因清代朱子學也是權力結構運作的產物，北宋「道學」中固有的「文化價值」與「現實政論」的層次都已滑落不振。

　　綜而言之，在吳子光所構築的學術世界，筆者相信他早已遠離「漢、宋之爭」的爭勝場，而是直返先秦孔孟仁義之學的懷抱，因「孔孟把人的內在價值，定在人有仁心、良知、善端上。而仁心、良知落實在言行上，便是義，便是禮；合乎禮義，便是人的外在價值。具有內外在價值的人，才是真正的人。所以孔孟的自我定位和人我的分際，就是從仁字出發。」〔註71〕，而吳

〔註68〕余英時：〈余英時先生序〉，田浩：《朱熹的思維世界》，頁2。

〔註69〕「道學為什麼能在1241年獲得國家與學術思想的正統地位？外族占領中原使許多知識分子相信他們面臨更大的文化危機，他們認為以精神修養重振儒家的正道、復興道德意識，是將政治、文化與社會導向正途的不二法門。」田浩：《朱熹的思維世界》，頁302。

〔註70〕余英時：〈余英時先生序〉，田浩：《朱熹的思維世界》，頁5。

〔註71〕李威熊：〈論孔孟的自我定位與人我分際〉，《國文學誌》第2期（2002年12月），頁3。

子光的「恕道史論」正是在此意義上呼應原始儒學,跳脫「漢、宋之爭」的泥淖。是故,其所謂「君子行無論出處窮達,皆折衷于孔孟之言,以求所謂中庸者而蹈之,乃幾於道耳。」〔註72〕的觀點,亦是孔子「下學上達」思想的體現,也是他論史──「情理兩兼」說在道德學的根柢。

第二節　吳子光在清代臺灣經、史之學中的座標位置

　　清代臺灣經、史之學,在吳子光遷臺之前已有了一些發展,但府、縣儒學因經濟條件的限制,加之政治管理的考量,史學(方志)研究風氣顯得比經學來得蓬勃。吳子光一生以經、史做為學術的核心關懷,其留存的著作當對清代臺灣經、史之學發展的軌跡具有在地化的時代意義。

一、清代臺灣經、史之學的樣貌

　　清代臺灣的儒學教育啟自鄭氏王朝,因此屬於漢人文教系統的經、史之學,也從此時期播下傳承的種子,對後來臺灣的文教發展有著正向積極的意義。〔註73〕如鄭氏王朝晚期的國子監助教葉亨,可謂是臺灣經學教育史上的第一人,其門下諸生如臺灣府陳夢球(康熙33年進士,1694)、臺灣府王璋(康熙32年舉人,1693)、鳳山縣蘇峨(康熙26年舉人,1687)、諸羅縣王錫祺等都成為臺灣經學史上的第一批學者,但缺憾的是葉氏師生未留下經學(《易》學)的專門著述傳世。〔註74〕

〔註72〕〔清〕吳子光,高志彬主編:《經餘雜錄選・史論一》,第6冊,卷9,頁26。
〔註73〕鄭經時期,陳永華大力推動在臺的興學設教措施,依吳正龍之研究,此舉對後來臺灣的文教發展有著正向積極的意義,他說:「陳永華在臺推動的文教設施,對於臺灣的教育水平和文化發展,產生積極性的影響。在學校教育方面,不僅培育許多優秀人才出任官職,同時改善讀書風氣,鼓舞臺人積極向學。臺灣歸入清朝統治以後,有許多接受明鄭時代儒學教化的士子,通過清朝科舉考試,成為地方儒學的生員、貢生、舉人,甚至於取中進士。陳氏推動的土著社學教化,讓原住民有機會接受漢人文化,無形中改變原始的生活型態,乃至於融入漢人社會。至於陳永華創立的孔廟,雖經歷數個不同統治政權,但並未遷移原始基址,歷代官員、士紳在原始基址上逐步整建和擴充,形成一個更為完整的廟學空間。雖至今日儒學式微,但臺南孔廟仍然繼續發揮崇儒重道、教化人心及傳播文化的社會教育功能。」吳正龍:〈明鄭時期陳永華與學設教事蹟初探〉,頁141。
〔註74〕賴貴三:〈明清時期臺灣經學歷史發展的考察與分析〉,彭林主編:《中國經學》(桂林市:廣西師範大學,2008年4月),第3輯,頁251。

臺灣入清版圖後，儒學教育一則因地方官員素質良莠不齊，以致儒學、書院、文廟等硬體建設之空間不足、建築品質低落，無法因應士子的需求；二則朱子學在功令的支持下，成為科舉的必讀書，士子奔竟於此顯貴利祿之途，對於潛心研究經、史以成己成物之事卻視為末事，是故經、史方面的研究著作甚少；三則書籍流通不便，有志研究經、史者得書無門，故而若非經濟寬裕之家，欲購買大量圖書供閱研究實非易事。以下就此三個面向舉例論述之，概見清代臺灣經、史之學的樣貌。

康熙 35 年（1696），高拱乾任福建分巡臺灣廈門道兼理學政，其〈初議捐修諸羅縣學宮序〉言：

> 臺以海外地，明季通商，始有漢人。迨鄭氏遁踞，舊家世族或從而東；生聚有年，絃誦猶未廣也。越至於今，輸誠納土，島民得睹天日，分設郡縣，招徠愈眾。十餘年間，聲教大通，人文駸駸蔚起；即深山邃谷文身黑齒之番，皆知向風慕學。有識之士，咸謂治以道隆、道隨治廣，從此海不揚波，內外如鄒魯矣。然百務草創，規制苟簡，諸羅學宮，茅屋三楹，更大不稱。……既捐俸為倡，復商諸君子者，力難獨任也；尊師好義之名，又不敢自有也（此學宮，乃舊在善化里西保者）。〔註75〕

高拱乾為使臺灣島文教風尚達到「內外如鄒魯」的理想，在鄭氏王朝文教事業的基礎上，志續推絃誦之音而倡捐俸，修建「規制苟簡，茅屋三楹」的諸羅學宮，只是「力難獨任」，故「商諸君子」協力共助。此中顯見學宮硬體建設質量皆不足的困境，更待有賢良儒吏能察覺此基本教育所遭遇的難題，方能逐步解決地方教育設施在軟硬體的缺乏。

陳璸〈臺邑明倫堂碑記〉是臺灣現存最早的教育碑文，康熙 42 年（1703），他撰寫此文時就對士子趨富求利之風，做出公開的指導宣示，其云：

> 自有人類，即有人心；有人心，即有人理；有人理，即若天造地設，而有明倫堂。苟斯堂之不立，則士子講經無地，必至人倫不明，人理泯而人心昧，將不得為人類矣。〔註76〕

〔註75〕高拱乾：〈初議捐修諸羅縣學宮序〉，〔清〕周鍾瑄、陳夢林：《諸羅縣志》（臺北：臺灣銀行經濟研究室，1962 年 12 月），卷 11，《藝文志》，臺灣文獻叢刊第 141 種，頁 253～254。

〔註76〕陳璸：〈臺邑明倫堂碑記〉，臺灣銀行經濟研究室編：《台灣教育碑記》，臺灣文獻叢刊第 54 種，頁 1。

予謂五經與五倫相表裏者也。倫于何明？君臣之宜直、宜諷、宜進、
宜止，不宜自辱也；父子之宜養、宜愉、宜幾諫，不宜責善也；兄
弟之宜怡、宜恭，不宜相猶也；夫婦之宜雍、宜肅，不宜交讁也；
朋友之宜切、宜偲，不宜以數而取疏也。明此者，其必由經學乎？
潔淨精微取諸易，疏通知遠取諸書，溫厚和平取諸詩，恭儉莊敬取
諸禮，比事屬辭取諸春秋。〔註77〕

陳璸是忠實朱子學信徒，他從人心、人理、人倫著眼，說明建立明倫堂的目
的是為講經，使士子明五倫之理而後正心，成為一位君子人。此中陳璸所謂
的經學是指《易》（潔淨精微）、《書》（疏通知遠）、《詩》（溫厚和平）、《禮》
（恭儉莊敬）、《春秋》（比事屬辭），藉五經的不同教育內涵來薰習士子人格。
是故經學教育是學宮、書院教學的必要經典。此外，劉良璧〈海東書院學規〉
和覺羅四明〈勘定海東書院學規〉，亦分別在「崇經史」、「立課程」兩條學規
強調經、史之學的重要：

一、崇經史。「六經」為學問根源，士不通經，則不明理；而史以記
事，歷代興衰、治亂之跡，與夫賢佞、忠奸，善可為法、惡可為戒
者，固不備載。學者肆力於經史，則有實用；而時文之根柢，亦胥
在焉。舍經史而不務，雖誦時文千百篇，不足濟事。〔註78〕

一、立課程。業精於勤、荒於嬉，自古誌之。今之鹵莽滅裂之學，
或作或輟，歲月坐弛，而欲幾於有成，難矣。余於諸生，忝為一日
之長。宜倣程畏齋讀書分年日程之遺意而行之，各置一簿子，將每
日所新讀及舊所溫習之書「四書」、「六經」、「三史」、「通鑑綱目」、
「近思錄」、「性理大全」、古文詩文等項，逐一照格填註冊內，各自
量材力之淺深，以為功課之多寡。〔註79〕

在劉良璧的眼中，經、史之學是實用的學問，能明理，辨善惡、觀治亂。「若
舍經史而不務，雖誦時文千百篇，不足濟事。」，故而在海東書院的課程裡，
覺羅四明將《四書》、《六經》、《三史》、《通鑑綱目》、《近思錄》、《性理大全》

〔註77〕陳璸：〈臺邑明倫堂碑記〉，臺灣銀行經濟研究室編：《台灣教育碑記》，臺灣
　　　　文獻叢刊第54種，頁1～2。
〔註78〕劉良璧：〈海東書院學規〉，收入〔清〕余文儀：《續修臺灣府志‧學校‧書院》
　　　　（臺北：大通書局，1984年10月），臺灣文獻叢刊第121種，卷8，頁355。
〔註79〕覺羅四明：〈勘定海東書院學規〉，收入〔清〕余文儀：《續修臺灣府志‧學校‧
　　　　書院》，臺灣文獻叢刊第121種，卷8，頁356。

列為必讀和溫習之書。又嘉慶 16 年（1811 年）楊桂森〈白沙書院學規〉載：

> 一、六七歲未作文者之學規：先教之以讀弟子職，使知灑掃應對進
> 退起坐之禮。其所讀書，務須連前三日併讀。仍須多分本數。一本
> 不過二十篇。每本每日讀至五行，使一本書於一月內外迴頭，便易
> 熟。并題須隨讀隨講。其寫字先學寫一寸以上之大字。其讀四書，
> 讀起時即連細註并讀。凡讀詩經、書經，隨章添讀小序。其答經中
> 註解，擇其解字者讀之，不過十分取一、二也。學庸註全讀，論語
> 註讀十分之七，孟子註讀十分之五，經註讀十分之一、二。蒙以養
> 正，聖功也。果行育德其毋忽。〔註80〕

從中可知〈白沙書院學規〉規定了六、七歲尚未作文者的讀書之法，所讀之
書主要是《四書》，若將覺羅四明所開列書單與此合觀，所謂的經教育，經書
已被《四書》所替代，成為童生為科舉自小即需嫻熟的科目。楊桂森之後，白
沙書院的書籍陸續有增多〔註81〕，共有書籍四十四部，將其歸納分類後，有
學政廣訓類、13 經註疏類、四書類、史學類、古文類、文選類、小學類和別

〔註80〕楊桂森：〈白沙書院學規〉，收於〔清〕周璽：《彰化縣誌・學校志・書院》（臺
北：臺灣銀行經濟研究室，1962 年 11 月），臺灣文獻叢刊第 156 種，卷 4，
頁 145～146。

〔註81〕「欽定學政全書一部（二十四本），欽定國子監則例一部（六本），御論一部
（二本），聖諭廣訓一部（一本），欽定周易折中一部（十六本），欽定書經傳
說一部（十八本），欽定詩經傳說一部（二十四本），欽定古文淵鑑一部（四
十八本），欽定朱子全書一部（四十本），欽定子史精華一部（五十本），欽定
四書文一部（十六本），易經註疏一部（四本），書經註疏一部（八本），詩經
註疏一部（二十一本），孝經註疏一部（一本），論語註疏一部（四本），春秋
註疏一部（二十四本），儀禮註疏一部（十二本），周禮註疏一部（十五本），
禮記註疏一部（二十二本），孟子註疏一部（七本），爾雅註疏一部（五本），
公羊註疏一部（十二本），穀梁註疏一部（五本），通鑑綱目前編一部（八本），
綱目正編一部（七十七本），綱目續編一部（二十本），史記一部（四十本），
昭明文選集成一部（三十本），漢、魏叢書一部（一百二十本），唐、宋八家
古文一部（十五本），王步青前八集一部（十六本），後八集一部（十六本，
自周易折中至後八集共二十九部，係前邑主楊桂森頒發），小學集註一部（二
本，前學道憲葉頒發），道統錄一部（三本），思辨錄輯要一部（四本），二程
文集一部（四本），居業錄一部（四本），李延平集一部（二本），許魯齋文集
一部（二本），胡敬齋文集一部（二本），學規類編一部（六本），羅整庵存稿
（一本），讀禮志疑一部（二本）。自道統錄至此係頒發，以上統共書籍四十
四部。」〔清〕周璽：《彰化縣誌・學校志・書籍》，臺灣文獻叢刊第 156 種，
卷 4，頁 142～143。

集類等，但在這些藏書類別中為何 13 經註疏類獨缺《左傳》，實令筆者不解。
〔註82〕而依賴貴三的研究，清朝領臺 212 年間，據清領時期臺灣各級地方志
所載，臺灣最早有關經學文獻和藏書的記錄都出現在此階段。如乾隆 17 年
（1752），魯鼎梅、王必昌所編《重修臺灣縣志》卷 5《學校志・書籍・附府
學袁弘仁藏書記》；嘉慶 12 年（1807），謝金鑾、鄭兼才、薛志亮所編《續修
臺灣縣志》卷 3《學志・藏書》，所典藏之經學書籍為《十三經注疏》或與之
相關的經學要籍。又道光 10 年（1830），周璽、李廷璧所編《彰化縣志》卷 4
《學校志・藏書》載錄了重要的《易》學名籍，如李光地《欽定周易折中》、
《易經注疏》（《周易注疏》），這兩部書見證了清代臺灣士子的《易》學教育
推廣不亞於中國本地。〔註83〕是故，賴貴三據上述方志所載官方教育單位所公
藏的重要圖書書目，論定「臺灣經學淵源於中國固有政學傳統，漢宋兼採，實
為清學的嫡傳。」〔註84〕，此分析亦有助於了解當時的經、史之學的傳播狀況。

　　至於書籍流通不便，造成有志研究經、史者得書無門，確實是當時普遍
存在的現實，吳子光即為一顯例。其〈筱雲軒藏書記〉便直言：

> 山人一生無他長，酷嗜讀書與蓄書而阻於力之不足。……先君子好
> 古有祖風，嘗質田產買書，以供兒輩探討之用，方愧志大才疎，無
> 以副先澤耳。呂君性風雅，禮賢下士，……其家聚書萬卷一一編摩
> 而貫串之，……。山人將以經史為菟裘而隱焉，此事可為知者道也。
> 卓哉！呂君是真讀書人，是真藏書家矣！〔註85〕

吳子光生性「酷嗜讀書與蓄書」，但一生困於貧窮自然無餘錢買書，幸得神岡
筱雲山莊呂氏之助，得以飽覽筱雲軒所藏萬卷圖書，增益其學問功力，尤其
少見之經、史類書籍都能於此見得，如「軒中富圖書，予集中兔冊之學多半
出此，敢欺人耶！所惜簡策靡盡，聰明與歲月易盡，但使蒼蒼者憫其一生苦

〔註82〕或許出於《春秋》一字褒貶和責備賢者說之義，因「官學、私學互有影響，
　　　彼此轉化，而學術關乎王朝運會，故傳統中國官學特盛，兩者關係中，以官
　　　學主導私學較為顯赫。……官學本質即在帝王稱制臨決，尊崇朝廷印可之『正
　　　學』，罷黜妨害統治的異端。」張濤：《乾隆三禮館史論》，頁 286。
〔註83〕賴貴三：〈明清時期臺灣經學歷史發展的考察與分析〉，彭林主編：《中國經
　　　學》，第 3 輯，頁 249～251。
〔註84〕賴貴三：〈明清時期臺灣經學歷史發展的考察與分析〉，彭林主編：《中國經
　　　學》，第 3 輯，頁 251。
〔註85〕〈筱雲軒藏書記〉，王國璠執行編輯：《吳子光全書（下）・一肚皮集》，卷 7，
　　　頁 473～475。

學，假之以喬松之壽，俾讀所未見書以治其文，異日得挾一編以託于文苑逸
民之傳末，幸矣！」〔註86〕無怪乎他盛讚呂氏是真讀書人、真藏書家。借書
則是吳子光另一個能持續閱讀的方法，如《小草拾遺・借書一首》即言：「吾
家舊藏《水經》并注、《文心雕龍》三書，遊臺時未得攜置篋中，遂因亂遺失，
為之憮然，陳子萬青好古士也，聞購得是書乃為荊州之借，可作益智粽觀矣，
詩以紀之。」〔註87〕

　　總言之，在官學藏書有限且類別固定，或民間書籍流通不易，或若非熟
識的豪紳，想入其門一窺藏書究竟實非易事，這種種的因素都影響了經、史
之的研究，於是在無典藏可資取用，又少專意投入學術研究的人才下，學術
群體便難以形成，少了學術群體的支撐，研究的力量就薄弱，學術研究的「範
式」即更不可能構成，所謂「『範式』係指一個學術群體所共同具有的世界觀、
理論、概念、研究方法和研究範圍所構成之體系。不同的學術『範式』之間，
自有繁簡難易之分以及不同的配合條件。清代臺灣的經學，不管是明末清初
『實學』、宋明『理學』，或者是乾嘉『考據學』，『範式』均甚繁雜，需要長期
的知識累積、深厚的學術傳統和豐富的藏書，與之配合，方纔可能有創新性
的學術研究成果出現。」〔註88〕，清代臺灣經學發展不順暢原因即在此。相
對於經學，清代臺灣本地文士有關史學方面的學術活動卻較活躍，「大致可分
四類：一、參與官方主持之省府、縣、廳地方志的修撰；二、私撰方志；三、
對地方大事的研究與撰述；四、史論撰述。」〔註89〕，原因是「其『範式』
之單純簡易，另外尚受清廷修志活動影響。清廷為了施政參考，極重修志。」
〔註90〕，而所謂史學之「範式」簡易有律可循，主要是在於其體例固定、方

〔註86〕〈筱雲軒記〉，王國璠執行編輯：《吳子光全書（下）・一肚皮集》，卷6，頁
　　　　408～409。
〔註87〕〔清〕吳子光：〈借書一首〉，王國璠執行編輯：《吳子光全書（上）・小草拾
　　　　遺》，原書未標頁碼。吳子光能借得書讀，使其心開意闊，有無比自得之樂，
　　　　詩云：「陸澄文史久成堆，手澤摩挲日百回，往事已隨流水去，他鄉如遇故人
　　　　來。詩書浩劫消烽火，富貴浮名謝酒杯，掩卷沉思開卷誦，青燈有味未心灰。」
〔註88〕蔡淵絜，〈清代台灣的學術發展〉，許俊雅編著：《第一屆臺灣本土文化學術研
　　　　討會論文集》（臺北：國立臺灣師範大學文學院、人文教育研究中心，1995年
　　　　4月），頁563。
〔註89〕蔡淵絜，〈清代台灣的學術發展〉，許俊雅編著：《第一屆臺灣本土文化學術研
　　　　討會論文集》，頁557。
〔註90〕蔡淵絜，〈清代台灣的學術發展〉，許俊雅編著：《第一屆臺灣本土文化學術研
　　　　討會論文集》，頁564。

法明確，在篩汰文獻、史實材料後，學術專著雛形即完成。〔註91〕是故清代臺灣的官修方志，自康熙 24 年至光緒 20 年間，共修撰二十多種方志之多。

二、吳子光在清代臺灣經、史之學中的座標位置

　　清代臺灣的書院教育對經、史之學的重視，主要是和科舉連繫在一起的，而吳子光「以經史為性命」的學術關懷，似乎與此無甚關連，原因在於他本粵人，因而不為閩學所拘，且其學術志向早在青年時即以立定，再加上人生閱歷和性分志趣的驅策，使得他一直能保有個人獨立見解，即使是來臺後，所面臨的學術環境簡陋粗糙，且儒學又已窄化為朱子學，仍然未動搖「以經史為性命」的意志。為此，謝頌臣對其師吳子光的品格與學問充滿無比的崇敬雅重，其〈題芸閣師扇〉詩云：「不向功名存芥蒂，全憑文史作生涯；乾坤兩眼空餘子，著述其身擅大家。」〔註92〕，確實表露無遺吳子光那不合時宜的性格，精準描繪了吳子光的立世形象，「文史著述」是其一生的理想寄託，而當他對科舉功名、仕宦生涯的想望已平靜如水，一切富貴利達都無梗於心之時，這就成為他實踐「文章為經國大業」的起點。目前吳子光存世的著作共有五部，但和經、史學相關的，主要集中在其代表性著作──18 卷本《一肚皮集》，如卷 8～9〈說〉中的〈讀《禮記》說〉、〈讀《春秋》說〉、〈春秋納賂說〉、〈《春秋》責備賢者說〉、〈《四書》典故說〉、〈漢儒多經術說〉等；卷 10～12〈雜說〉裡的〈六藝非禮樂射御〉、〈《史記》非遷書〉、〈桑中非淫詩〉、〈商頌非頌湯〉；卷 13～14〈考〉如〈詩書遺訓考〉、〈雜經考〉等；卷 15〈雜考〉中的〈問《史記》不立〈地理志〉而散見於紀事中，至班掾作《漢書》始有其例，篇中何以獨遺此與？〉、〈經籍字數〉、〈問邃古事最多，諸所稱述，何以經史多而百家少與？〉等，而《一肚皮集》也是其唯一獲得刊刻傳世的作品。

　　另外，《三長贅筆》16 卷，是廿三史緒論之作，主要是讀史札記，但因吳子光認為「古有史無經」，故視經書為史書，如卷 1《讀《公》《穀》內外傳偶得》。又或者是《經餘雜錄》12 卷，其中卷 1～4「書後題跋類」，如〈書《汲冢周書》後〉、〈書《禮記·檀弓篇》末〉、〈書《左氏·叔孫穆子論三不巧傳》後〉、〈書范蔚宗《後漢書·西域傳》論後〉、〈書《後漢書·獨行傳》後〉等，

〔註91〕蔡淵絜，〈清代台灣的學術發展〉，許俊雅編著：《第一屆臺灣本土文化學術研討會論文集》，頁 563。
〔註92〕（清）謝頌臣：《小東山詩存·題芸閣師扇》，出版地、出版社不詳，頁 2。

該書是兼涉經、史、子、集的綜合性學術著作，不是解經之作。

　　然而值得留意的是，歷來論者對《經餘雜錄》這部書多認為是解經之作或讀經劄記，茲臚列如下：

> 本書共分一十二卷，為子光讀經劄記，凡一百七十三則。廣輯前儒之說，與己意互為參證，並辨其離合，求其確徵。進士楊士芳許為解經之助。另附辭語、典實多則。稿存呂氏處，今佚。〔註93〕（王國璠《台灣先賢著作提要》）

> 《經餘雜錄》共分十二卷，是吳子光讀經的劄記，凡一百卅七則。在這部書裡，他把前儒的看法，跟自己的創意，互相參證，辨其離合，求其確徵。進士楊士芳認為此書對於解經，大有幫助。書中並附有許多辭語，典實。原稿存在呂家，現在已經佚散了。〔註94〕（王國璠與邱勝安《三百年來台灣作家與作品》）

> 按《經餘雜錄》分十二卷，其卷之一至卷之四為「書後題跋類」，卷之五及卷之六為「詞林典實類」，卷之七及卷之八為「古今辭語類」，卷之九及卷之十為「論辯類」，卷之十一及卷之十二為「文辭類」。進士楊士芳認為此書對於解經神益莫大。〔註95〕（鄭喜夫〈吳芸閣先生年譜初稿〉）

> 經學方面，……吳子光撰《經餘雜錄》，記其讀經劄記一百七十三則。廣輯前儒之說，並加以辨正。〔註96〕

以上看法大同小異，明顯的差別是在讀經劄記則數的不同，王國璠、蔡淵洯以為是 173 則，王國璠與邱勝安則算為 137 條。同樣有王國璠參與撰作的作品，為何同一部著作計算的讀經劄記則數卻存在落差。筆者以為原因有二：一是未見全書，王國璠曾先後執行編輯《台灣先賢著作提要》、《吳子光全書》二書，前書 1974 年出版，而《吳子光全書》則出版於 1979 年。二是誤植，

〔註93〕王國璠：《台灣先賢著作提要》（新竹：台灣省立新竹社會教育館，1974 年 6 月），頁 8。

〔註94〕王國璠、邱勝安，《三百年來台灣作家與作品》（鳳山：台灣時報社，1977 年 8 月），頁 106。

〔註95〕鄭喜夫，〈吳芸閣先生年譜初稿（五）〉，《台灣風物》第 32 卷 2 期（1982 年 6 月），頁 67。

〔註96〕蔡淵洯，〈清代台灣的學術發展〉，許俊雅編著：《第一屆臺灣本土文化學術研討會論文集》，頁 558。

這可能性也不容低估。

　　若檢視吳子光的著作，在經學部分，《易經》甚少談及，多零星片斷於行間偶提而未以之聚焦論述，這和臺灣經學研究從著作中看來主要集中在《易經》的現況頗不類〔註97〕，因「台灣清領時期不管是遊宦或是在地的經學研究者，都以專攻《易經》者較多，其他諸人各經皆有，大部分專治一經，胡承琪則是少數能夠跨足《儀禮》、《詩經》與《爾雅》者。」〔註98〕，此外，「清代臺灣有關經學之發展，最為特別之處，乃是道咸同光間淡北易學之研究。……一以新竹為中心，另一以臺北為中心。新竹易學始於王士浚。……臺北易學始於淡水關渡莊人黃敬。」〔註99〕

　　據顧敏耀對台灣清領時期經學發展考察的結果，他指出來台遊宦的經學研究學者，有蔡必葵、丁蓮、吳廷華、沈起元、范咸、蔣允焄、謝金鑾、胡承琪、呂世宜共 9 人；台灣清領時期在地經學研究者，有蘇峨、陳夢球、邑星燦、王璋、王際慧、王茂立、陳聖彪、王錫祺、楊阿捷、許宗岱、王士俊、鄭用錫、鄭用鑑、謝肇源、施瓊芳、吳子光、林耀鋒、黃敬、楊克彰共 19 人。〔註100〕進一步分析歸納台灣在地經學研究者的學經歷背景、居住地理分布、著作類別等條件，顧敏耀提出以下的看法：

> 一、台灣清領時期的經學研究者都為科舉中人，至少都已進學（即民間俗稱「秀才」，共 2 人），最高則為進士（共 3 人），其餘則為貢生 6 人以及舉人 8 人。因為四書五經在當時就是科舉的考試範疇，能夠考取科名者，對此必定十分嫺熟，若偶有心得，則闡發為文，甚至編輯成書。二、清領前期的台灣經學研究者主要集中在南部的台灣縣以及鳳山縣，中後期之後則開始往北轉移到淡水廳為主，這除了與漢人在台灣的開發原本主要就是由南到北有關之外，殆亦受到清領後期台灣經濟重心逐漸北移之影響。三、台灣的經學研究從

〔註97〕「明鄭至清治時期，台灣儒學以經學與通經致用之學為主。而易學教育存在府縣官學與地方學院之中，薪火相傳，不絕如縷，奠定了台灣易學史啟蒙發展的基礎，具有辨章考鏡的歷史學術意義」賴貴三主編：《臺灣易學史》（臺北：里仁書局，2005 年 2 月），頁 55。

〔註98〕顧敏耀：〈台灣清領時期經學發展考察〉，《興大中文學報》第 29 期（2011 年 6 月），頁 210。

〔註99〕蔡淵洯，〈清代台灣的學術發展〉，許俊雅編著：《第一屆臺灣本土文化學術研討會論文集》，頁 558。

〔註100〕顧敏耀：〈台灣清領時期經學發展考察〉，頁 199～209。

　　著作中看來主要集中在《易經》，這可能是因為該書充滿了許多卜卦
用語，對讀者而言，提供了很大的想像空間，無需準備太多參考書
籍以供翻閱，所以即使藏書不足，亦能充分發揮己意。〔註101〕
可知隨著土地開發的進展和社會文化水準的提升，學術研究的能量有由點拓
展到帶狀分布的趨勢。再者，在「台灣清領時期經學研究學者的相關研究著
作當中，有部分都已經亡佚了，尤其是在本地經學研究學者的部分，流傳至
今的著作僅吳子光《經餘雜錄》、鄭用錫《北郭園文集》、鄭用鑑《靜遠堂文
抄》等，其中以吳子光的著作最值得注意，該書雖然僅有部分與經學相關，
不過頗能自出機杼，吸收清代考據學風的長處與成果，提出許多獨特的看
法。」〔註102〕

　　關於史學的部分，論者以為「清代臺灣學術，基本上，史學和經學較為
發達。……清代臺灣學術中如論及最盛者，自非史學莫屬。」〔註103〕「就時
間順序來看，史學發展最早，清初即有專著出現。……經學並無進一步的發
展，……自嘉道時期起，方纔改觀，漸有專著出現。」〔註104〕，是故「清代
臺灣學術發展順序，顯然史學在先，經學隨後，『新學』最晚，同光時期方纔
萌芽。」〔註105〕，而經筆者索查王國璠《台灣先賢著作提要》所列書目和內
容，專意在著史、讀史、論史者〔註106〕，僅知連橫《臺灣通史》、彭培桂《讀
史劄記》〔註107〕（本書已佚）、吳子光《三長贅筆》三部。其餘諸書多為筆

〔註101〕顧敏耀：〈台灣清領時期經學發展考察〉，頁209。
〔註102〕顧敏耀：〈台灣清領時期經學發展考察〉，頁210。
〔註103〕蔡淵洯，〈清代台灣的學術發展〉，許俊雅編著：《第一屆臺灣本土文化學術
　　　　研討會論文集》，頁556。
〔註104〕蔡淵洯，〈清代台灣的學術發展〉，許俊雅編著：《第一屆臺灣本土文化學術
　　　　研討會論文集》，頁556。
〔註105〕蔡淵洯，〈清代台灣的學術發展〉，許俊雅編著：《第一屆臺灣本土文化學術
　　　　研討會論文集》，頁556。
〔註106〕「清代臺灣的史學著述，亦間有史論之作。吳子光，……曾著《三長贅筆》，
　　　　考究廿三，論者謂該書『頗得虛心涵泳，切己體察之功。』。彭培桂，淡水
　　　　檺榔庄，撰《讀史箚記》，記述讀史心得。」蔡淵洯，〈清代台灣的學術發展〉，
　　　　許俊雅編著：《第一屆臺灣本土文化學術研討會論文集》，頁558。
〔註107〕關於彭培桂其人其書，王國璠言：「彭培桂，字遜蘭，原籍同安。少隨父來
　　　　臺，居於淡水檺榔莊。咸豐六年，以覃恩貢成均。設教於鄉，及門多俊士。」
　　　　而「是編為二十四卷，未梓。傳為培桂讀史隨筆，舉凡忠義、孝友、苦節、
　　　　貞烈、闈德、廉能、隱逸，皆在登錄之列。卷帙浩繁，當在意中，未獲刊行，
　　　　或乏於資儲也。」王國璠：《台灣先賢著作提要》，頁15。

記、紀略、雜著、詩文集，或詩文稿，詩集、文集、合集、詩稿、文稿、遺稿、謄稿、詩文鈔、詩鈔或文鈔等，又或者是小學類的《雅言》，百科類的《臺灣三字經》。另與史事相關者有嘉義陳震曜《小滄桑外史》二卷、《風鶴餘錄》二卷記嘉義張丙起義事始末；吳德功《戴案紀略》三卷、《施案紀略》（記清官員李嘉棠清丈田地不公，繼則提督軍門朱煥明濫補無辜，引起民怨，致成施九緞等起而倡義。）。吳德功《戴案紀略》、蔡青筠《蔡著戴案紀略》均記清咸豐11年戴潮春舉義事，但《蔡著戴案紀略》後出，兩書內容敘述有異，蔡著自言補吳德功《戴案紀略》的違誤。〔註108〕

　　大體而言，「與清代臺灣學術發展有關的體制因素，主要有三：學校教育體系、科舉考試制度和官方的修志活動。」吳子光和這三個體制因素各有深淺程度不同的互動，前兩個因素可概括為同一種內涵，他曾為府學廩生，接受過朱子學的訓練，並考中舉人，也參與過《淡水廳志》的修纂。因此，他和臺灣的經、史學發展腳步是同一脈動的，而吳子光及其著作在臺灣經、史學的發展上是有極大意義的，盧永汶〈臺灣先賢著作提要序〉所言該書的選評標準：

> 共得人一百五十八家；得書一百七十五種，始於康熙，止於民國建
> 國週甲。遊宦、流寓，時下諸彥不與；甘心夷狄，有虧志節不與；
> 託名風雅，妄肆狂唁不與。故所收者約為七大類：一為立朝守正，
> 風節見於言表者；一為慷慨極言，忠藎揚溢簡端者；一為羽翼經訓，
> 千秋足資鑒法者；一為指陳弊利，莊敬無慚骨鯁者；一為採風辨俗，
> 可助後世考徵者；一為擷拾軼聞，曉然時運升降者；一為吟嘯風月，
> 無礙溫柔敦厚者。〔註109〕

吳子光被選入臺灣先賢之列，是因其風節見於言表、指陳清政弊利、採風辨俗、擷拾軼聞等，這些特點在其著作中俯拾即是。而就文獻保存文化、思想的意義上說，林慶彰、蔣秋華主編的《清領時期臺灣儒學參考文獻》，於下編清領時期在臺儒家的著作選集並附小傳，吳子光即列在本地儒學家一類，另一類是宦臺儒學家。〔註110〕而林慶彰在觀覽《吳子光全書》後，更進一步指

〔註108〕王國璠：《台灣先賢著作提要》，頁19。
〔註109〕盧永汶：〈臺灣先賢著作提要序〉，王國璠編：《臺灣先賢著作提要》，頁12。
〔註110〕林慶彰、蔣秋華主編：《清領時期臺灣儒學參考文獻》（新北市：華藝學術出
　　　　版社，2013年11月），頁ii。

出該書有關儒學的文獻便有三十多萬字，具有很高的儒學文獻價值，他說「這些本地的儒學研究者，其儒學著作，尤其是經學著作，大都已亡佚，僅能從文集中選錄部分的文章，而保存最存整的是吳子光的著作，由於他的著作分量甚多，本人將策畫編輯點校《吳子光全書》，本書所選者僅是其經學著作中最重要的二萬餘字。」〔註111〕

如果再將臺灣的經、史學發展的時間線拉到戰後初期，吳子光「一生以經史為性命」淬煉而出的經、史著作，在學術思想史的星空中更顯光輝熠熠，如李威寰在〈近50年來（1960～2016）「明鄭至戰後初期臺灣儒學」研究之回顧與展望〉一文，若以學術思想史為研究主軸，作者再細分為「經、史、詩學」、「專家思想」和「文化運動」三個面向的研究。其中於「經、史、詩學」和「專家思想」之研究，分別臚列吳子光學術思想現階段的研究概況：一、「經、史、詩學」之研究，如「有關清代專家經學的研究，目前有廖威茗對吳子光的生平、師承、著述，以及《春秋》經傳學術做了較全面的疏理，也初步指出吳子光經學論述的一些特色。」〔註112〕；二、「專家思想」之研究，如「專家思想之研究對象與時代，大致從清代開始，目前受到注意的有施世榜、謝金鑾、鄭兼才、陳震曜、陳維英、林豪、李春生、楊克彰、吳子光、吳德功、丘逢甲等人。」〔註113〕，或者「清治晚期對臺灣儒學來說，是一個別具意義的時代，主要是因為西風東漸，衝擊了傳統儒生的思維。黃麗生即以吳子光與丘逢甲的對比為例，描繪不同世代臺灣儒生的思想變化。」〔註114〕不論研究者從哪一個視角切入剖析其學思，所得評價是正面居多或負向為多，這都證明吳子光在臺灣歷史文化長空占有一鮮明座標位置，也為臺灣儒學做出相當貢獻。

第三節　儒教實踐與社會文化記聞

科舉制度的施行確實對臺灣儒學的發展，以及臺灣士子的勉力向學，產生很大的引導作用。然而，儒學講求「下學上達」不離世間之用，吳子光在中

〔註111〕林慶彰、蔣秋華主編：《清領時期臺灣儒學參考文獻》，頁 iii。
〔註112〕李威寰：〈近50年來（1960～2016）「明鄭至戰後初期臺灣儒學」研究之回顧與展望〉，《當代儒學研究》第22期（2017年6月），頁111。
〔註113〕李威寰：〈近50年來（1960～2016）「明鄭至戰後初期臺灣儒學」研究之回顧與展望〉，頁114。
〔註114〕李威寰：〈近50年來（1960～2016）「明鄭至戰後初期臺灣儒學」研究之回顧與展望〉，頁115。

部地區的課徒講學，不僅是對儒教的實踐發揮積極的力量，同時在參與社會文化的創建過程中，亦提供知識分子貼近社會生活脈動的觀察，並留下珍貴的記聞文字。

一、儒教實踐及科舉

　　從人文教化的意義言，儒教是指儒學在陶養心志、倫理規範、道德情操、社會責任等方面的實踐。但若將「儒教」視為一種宗教，確實也相應它在民間社會的活躍力，「儒作為宗教是教化意義的宗教。教化意義為主導的宗教是非常光明而朗暢的常道，這個常道強調人倫的位序、安排和建立。位序的安排、建立，最終回到整個大自然，它跟自然的常道是連在一起的。」〔註115〕，而「儒教當然也有教團，凡是以士君子為理想，以仁義道德作為規條；以士君子立身，就是教團的成員。只是儒教不是收斂性的教團，而是發散性的教團，所以不必登記，……，而且本身就這樣存在。這就是一獨特型態的教團。」〔註116〕按此解義，吳子光長期在苗栗、台中地區以硯田餬口，爾後任教文英書院和坐館呂氏筱雲山莊的經歷，使其與傑出門弟如呂汝玉、呂汝修、呂汝誠、丘逢甲、謝道隆、傅于天、吳師廉、陳萬青、吳紹箕、彭殿珍、劉翱等人，逐漸形成以吳子光為核心的儒教社群〔註117〕，在臺灣中部擴展開來，類似林安悟先生所說的「獨特型態的教團」。

　　這個「獨特型態的教團」被一種無形的力量牽引著，此股力量即周公、孔子、孟子等聖賢所傳下之天人之道，即「儒教既有敬天法祖，又有讀四書五經、人倫孝悌、仁義道德為主，以士君子立身，他的教主是周公、孔子、孟子，相繼不絕，他是多元教主。凡是與聖道有功，真正能夠傳承的都是很重要的。……儒學顯然是不離教化的學問，也是不離宗教的學問。儒學的『學』字，學者，覺也、效也，從效法學習到內在心靈的覺醒，『學而時習之，不亦樂乎』，這個話從這裡說才通。」〔註118〕也正是在此理解上，吳子光期許自己

〔註115〕林安悟：〈儒教釋義：儒學、儒家與儒教的分際〉，《鵝湖月刊》第41卷第7期總號第487（2016年1月），頁43。

〔註116〕林安悟：〈儒教釋義：儒學、儒家與儒教的分際〉，頁45。

〔註117〕關於吳子光的教學環境和人際交流範圍可另參呂欣芸的碩論《清代台灣客家文人的人際網絡——以吳子光為中心》（中壢：國立中央大學客家社會文化研究所，2013年1月），頁35～94。

〔註118〕林安悟：〈儒教釋義：儒學、儒家與儒教的分際〉，頁50。

能成為一位兼具經師、人師的教育者〔註119〕，不以「好為人師」之譏為累，希望透過知識的引導讓學生能開闊眼界，藉由生命順逆境的磨練來深養器量，因此「所謂人傑者，非徒科第為榮也，其器量足以飾紀綱；其精力足以綜庶務；其立身行己、氣節文章又足以師表乎人倫，與楷模乎後進。」〔註120〕就一般士子言，科第題名自然是為學的重要目標，但若要成為人中豪傑，科舉中式只是治學處世的一部分，因為關乎內聖的器量、精力、立身行己、氣節文章等心志修養，若不加以充沛壯大，如何成就飾紀綱、綜庶務等外王事業，「以師表乎人倫，與楷模乎後進」就更是奢談了。

　　吳子光自小受到父親極力的栽培，期待他能成材以光耀門楣〔註121〕，但在「屆丙子恩科，已就地方官起咨赴試，因海船風色相戾，試期迫促，只得抽身言還。」〔註122〕如此天時地利兩違的際遇，躍升「進士」之階的機會就此止斷，更增添一筆其人生憾事，吳子光為文時有自憐、自艾、自嘆、自負之氣，也多緣於此。是故，有論者即以「科第未到燕臺為憾」事來涵蓋其一生，黃麗生即批評：

> 吳子光是在沮喪、痛苦而無所遣懷的心境下渡其晚年。溯其源，這些痛苦無非來自其數十寒暑，皆未能逾越其父自幼為其框定的：讀書、應試、以求功名的人生目標。一旦失去最後的機會，對他來說，不只是一生所習儒家義理，皆如夢幻泡影，渺不可的，甚且迷失了自我生存的意義。他終身跳脫不出這個框架，又缺乏更高遠的價值引導，不啻是惟知尊君父，而不見道體的寫照。這不但使他回顧過往時，總陷於怨天、尤人、責己的纏繞困境；也使他思想視界無以

〔註119〕「人之患好為人師，語似過泥，然必如吳子之崛強而後敢翻古賢之案，亦必有吳子之筆舌而後可翻古賢之案，若謂經師人師，道當在是。」〈答客問〉，王國璠執行編輯：《吳子光全書（下）・一肚皮集》，卷2，頁95。

〔註120〕〈內閣中書銜孝廉伯文劉先生雙壽文〉，《吳子光全書（上）・經餘雜錄》，卷11，「文辭類」，頁659。

〔註121〕吳子光回憶其父對文藝創作的能力要求高，即使家境益貧，教育的投資仍為首要，「如呈文藝稍遲與劣則怒罵，又甚者威以夏楚不少貸，……如是者十三年。余文益富而家則益貧，然義命自安，無一毫怨尤念，惟以子弟不成材是懼，余故不敢舍業而嬉。」，又說「先君子一生心血與精神命脈所萃，惟望兒輩成材而已，至於富貴利達猶屬第二義也。」分見〈先考守堂公家傳〉，王國璠執行編輯：《吳子光全書（下）・一肚皮集》，卷4，頁237、239。

〔註122〕〈覆家霽軒軍門書〉，王國璠執行編輯：《吳子光全書（下）・一肚皮集》，卷3，頁106。

開展而趨於保守固陋的根源。〔註123〕

吳子光讀書、應試、追求功名都是事實，但「迷失了自我生存的意義」、「惟知尊君父而不見道體」如此嚴厲的指責，是否符合實情，呈現吳子光生命樣態的全部面貌，這是值得商榷的，因這多半和論者所持的切入觀點有關（如民族立場、宋明理學形上論）。如果吳子光已然迷失在帝制式儒學之中，只知奔競於利祿富貴之途，那麼他確實無足論。相反地，假如一心通過帝制式儒學的考驗（科舉）只是為了實踐文章報國的抱負，那麼這種婉曲的心志就該被細察，其〈寄宋薦郊明府書〉便有如此心跡表明：

> 弟自赴舉歸來，硯田餬口，名流處世祇是不夷不惠可否之間，一切富貴利達于胸中早無罣礙，只文字舊業，壯心千里，……惟是卅年作客，墨突不黔，又承諸當道謬相引重，屈史筆以供志乘之役，馬班歐陽有志未逮，文章報國徒託空言，……嘻！人才難得，舊雨無忘，宋廣平鐵石心腸為有唐三百年第一流人物〔註124〕，讀史者到今稱之。〔註125〕

這段文字說明「文章報國」只有通過科舉的關卡才能實現，沒有公權力的賦予，再多的澤民利生之策都是空言。同治4年，吳子光中式第52名舉人，但他此時的處世態度是持守「中庸之道」，要在「不夷不惠可否之間」修身行事，對「一切富貴利達早已通透無罣礙」，唯一仍滿腔熱血、壯心千里的就「只文字舊業」。可知科第聲名已未排在其生命的最上層，唯有立言不朽、修德行道才是值得他追求的生命根本。他稱揚唐玄宗時的著名宰相宋璟，是有唐三百年第一流人物，這應是兩人性格上有契合之處〔註126〕，所以將宋廣平視為治世楷模。是故，他認為士人的存心非常重要，其云：

〔註123〕黃麗生：〈近代臺灣客家儒紳海洋意識的轉變：從吳子光到丘逢甲〉，頁132。
〔註124〕宋璟，唐玄宗時的著名宰相，因曾封廣平郡公，故又名宋廣平。其人秉性鯁直有節操，不為私情所惑且為人剛強正直，不徇私逢迎。
〔註125〕〈寄宋薦郊明府書〉，王國璠執行編輯：《吳子光全書（下）・一肚皮集》，卷3，頁156～157。
〔註126〕吳子光個性疾惡如仇，善惡分明，非鄉愿之輩，讀書猶如做人，因此他曾感慨：「余少壯時，涉獵經史，其讀之也，無分剛日柔日，手未嘗一日釋書，見一善則心○慕之，恨不起其人於紙上而與之上下其論也；見一惡則心欲誅之，恨不置其於獄中而繩以司寇之法也。歲月已多，于道無所得，謂儒林一家論最刻亦徑最狹，必無鄙人隅坐之處，思降一格求之，曰吾其為獨行傳中人乎？」〈書《後漢書・獨行傳》後〉，王國璠執行編輯：《吳子光全書（上）・經餘雜錄》，「書後題跋類」，卷2，頁87。

古今士品卑污皆由富貴一關打不破耳，意謂曳裾侯門，藉此可致通
顯，一入轂中，後欲自拔而不能。……學問變化氣質，惟矜字最難
化，蓋士不可無為聖為賢之心，必不可有予聖予賢之心，一存此心，
尊己卑人，甚則為標榜之禍，次則為門戶之爭。〔註127〕

士之口談道學，言與行違者多矣，吾謂欲為真儒，《宋史·唐介傳》
不可不讀，讀之當有悟入處。〔註128〕

古今事蹟備載經史中，余方以精力衰頹未能盡讀古人之書為憾，每
詔人究心經史，乃目食者反從而狹小之，以為不入耳之言來相勸
勉，……亦孤負老翁度世心矣。〔註129〕

依吳子光的觀察，古今士風的卑污日下，全因打不破富貴利祿一關，驕矜自
高且目食耳視，自然不起為聖為賢之心，而在反生予聖予賢之心後，便妄自
尊大，以虛為實，口談道學卻言與行違，離真儒的精神境界日差月遠，甚則
淪為標榜之禍、門戶之爭。竊意這是針對宋代道學末流和朝政黨爭而發，以
道學發展歷程而言，朱熹之所以能成為 12 世紀末的道學核心人物，一般看法
有二：「就學說思想而言，他編纂許多經典注釋以及指導閱讀經典的作品，並
且注意思想源流，以界定道學的組成範圍。就制度而言，他最了解建立政府
與家庭間的社區團體的潛力，所以一直努力組織書院、祠廟和鄉約。」〔註130〕
然而，除了上述的詮釋向度外，田浩提供另一個較新的視角來解釋朱熹能夠
超越道學同儕的原因，他說：「朱熹的策略是將自己的觀點描述成中庸的立場，
與對手的極端的見解形成鮮明的對比。他經常批判其他道學家的學術是『雜
學』，受佛教、道家、法家的污染。道學早期的多樣性格尤其困擾他，因為許
多二程弟子在不同的地區，發展出不同的道學傳統。」〔註131〕又「朱熹 1189
年寫的《中庸章句》序言是另一主要進步，從此向更多人公開宣揚『道統』的
觀念。朱熹使用這新的詞彙後，更能正式提出從古代聖人，經過二程，再到
當代道的傳統，以特殊的字眼促進思想的制度化。朱熹提出二程的注釋解釋

〔註127〕〈再書傳後〉，王國璠執行編輯：《吳子光全書（上）·經餘雜錄》，「書後題
　　　　　跋類」，卷2，頁85。
〔註128〕〈再書傳後〉，王國璠執行編輯：《吳子光全書（上）·經餘雜錄》，「書後題
　　　　　跋類」，卷2，頁85～86。
〔註129〕〈瀛壖偶述下〉，《吳子光全書（上）·經餘雜錄》，卷12，「文辭類」，頁760。
〔註130〕田浩：《朱熹的思維世界》，頁304。
〔註131〕田浩：《朱熹的思維世界》，頁304～305。

《四書》的深奧之處，暗示自己直接繼承道統的傳承。」〔註132〕由此反觀清代理學，已被造為帝制式儒學核心的朱子學，實然失卻了宋代早期道學的活潑、多元性格；也使具道德實踐、價值立定行動力的儒學，因皇權意識的權力操作，而讓士子應以學問變化氣質或究心經史的實學，滑落為枯瘤浮根的制式舉業文字，從而禁錮心靈的自由。

　　論者認為吳子光因終身跳脫不出舉業未成的框架，致使其思想視界難以開展而成為趨於保守固陋的根源。這個判定若從其它角度看，或許能得出不同的結果，如吳子光自忖道：

　　　余才非東坡，而疎狂則過之，但使頑健如常，得盡出所學以問世，
　　　文章公器，異日當有感恩知己，如虞仲翔死而無憾者，遼東白豕〔註
　　　133〕之譏，吾知免夫。若富貴則非吾事也。〔註134〕

在疎狂梗介個性底下，吳子光更有一顆感恩知己、淡泊致遠的心。他有不蔽於己見之明，所以願意「得盡出所學以問世」，文章是天下公器，得失之間可受公斷。這是一種向天下開放其智識懷抱的宣示，似乎與思想保守固陋的判定相違甚多。

　　吳子光的儒教實踐，不僅以身作則向弟子們活現了一種有狂有守的儒者形象，也對科舉流弊影響士人存心和士風不競有很深的反省。這個以吳子光為核心所形成的儒教社群，同時也是科舉社群，因社群中人多具秀才身份，經由他們對地方公共事務的參與，或直接坐館當地富紳之家，皆對提升地方文教風氣和水準有極大貢獻，如臺中神崗（呂氏昆仲，呂汝修為光緒 14 年（1888）舉人）、大雅（謝道隆）、社口（傅于天）、苗栗頭份（陳萬青），苗栗英才書院（吳紹箕為佾生）。又如丘逢甲（光緒 15 年（1889）進士）主講臺南崇文書院、任教臺中宏文書院和嘉義羅山書院等，其實質影響地方文教推動的範圍更遠超出臺灣中部，藉由這層層文化資本的累積，也將吳子光的儒

〔註132〕田浩：《朱熹的思維世界》，頁 305。
〔註133〕遼東白豕或遼東豕意指見識淺薄的人「伯通與耿俠遊俱起佐命，同被國恩。俠遊謙讓，屢有降挹之言；而伯通自伐，以為功高天下。往時遼東有豕，生子白頭，異而獻之，行至河東，見羣豕皆白，懷慙而還。若以子之功論於朝廷，則為遼東豕也。」〈朱馮虞鄭周列傳第二十三〉，〔劉宋〕范曄撰；〔唐〕李賢等注；〔晉〕司馬彪補志；楊家駱主編《後漢書》（臺北：鼎文書局，1981 年月），中國學術類編，卷 33，頁 1139。
〔註134〕〈筱雲山莊雅集序〉，王國璠執行編輯：《吳子光全書（下）・一肚皮集》，卷 18，頁 1197。

學專業與儒教實踐傳承開來。

　　此外，公立學校教育對偏遠而文教不興的地方，所起的功能和效益，吳子光也表達了看法：

> 周禮大司徒以鄉三物〔註135〕教萬民、考道藝、興賢能，禮至詳且盡。漢以科目取士，有察於州郡者，有升於學校者；而孝弟力田至與賢良方正並舉，蓋猶有鄉舉里選遺意焉。我朝培養人才，取古制而變通之，教士有地，取士有程。稍知自愛者，類無不爭自濯磨，奮興於功名之路。矧是邦呼吸風潮，沐浴日月，磅礡鬱結之氣，當有奇人傑士，如邱瓊山得正學之傳、海剛峰負勝朝之望者出，以應旁求而維風教，始無愧人傑地靈也。不然，井底秋蛙、遼東白豕，雖多亦奚以為？志學校。〔註136〕

依他對當時公立學校教育施設的描述，清代培養人才的策略是取古制而變通調整，而學校依地方需求而設，只要儒者肯用心自愛學習「焉知魚不化為龍」，即使如僻遠蠻荒的海南瓊山，也能栽培出像丘濬這樣的一代名臣的。然而，清代各省設立的地方學校，是依行政組織規模分別成立專門教育機構，如省辦書院—府辦府學—州辦州學—縣辦縣學—鄉辦社學與義學，來培養經義、治事等知識及技能教育。又各鄉設立的「社學」和公辦的慈善學校「義學」，是提供給無法負擔私學的窮困人家就讀。省城的書院則需要有秀才資格才能入讀的學校〔註137〕。「至於府學、州學與縣學所招收的學生有四類：領公家補助津貼的廩膳生、在歲考中獲得最好成績的增廣生、歲考成績第二等的附學生，以及剛剛通過縣考獲得秀才資格的學生。」〔註138〕，而在入學府學、州學與縣學之後，雖說各省地方官辦的各級學校都會舉行月考、季考、歲考和特別歲考，但弔詭的是主持定期考試的巡迴督察官員，只在定期考試時出現，這就使得生員們意識到出席率無關乎升等晉級與否，再加上學校課程也不再運作，以致生

〔註135〕《周禮‧地官‧大司徒》：「以鄉三物教萬民而賓興之，一曰六德知仁聖義忠和；二曰六行孝友睦婣任恤；三曰六藝禮樂射御書數。」〔東漢〕鄭玄注、〔唐〕賈公彥疏：《周禮注疏》（北京：北京大學出版社，1999年），收入李學勤主編《十三經注疏》叢書，卷第10，頁266。

〔註136〕〈學校序〉，王國璠執行編輯：《吳子光全書（下）‧一肚皮集》，卷18，頁1159。

〔註137〕郭秉文著；沈聿德、李淑萍校注：《新譯中國教育制度沿革史》（桃園市：國立中央大學出版中心，2017年11月），頁76。

〔註138〕郭秉文著；沈聿德、李淑萍校注：《新譯中國教育制度沿革史》，頁76。

員居家為多，學校教育已淪為應考的場所而已〔註139〕，因此「定期考察與分期考試的制度，就這麼毀了各省的地方學校系統。學校系統逐漸式微，反倒是助長了科舉考試制度的重要性。……清朝時期，雖然可以透過捐官、保薦與皇上特批等途徑進入仕途；不過科舉制度依然是政府選賢任能的一個方法。」〔註140〕以此觀之，吳子光所謂「取古制而變通之」應只是教育願景，或有過度美化地方學校系統之嫌，因在地方學校系統已敗壞之際，「取士有程」則以科舉制度一支獨秀，於此文教政策下，儒教也就繼續和科舉連動難解了。

二、臺灣社會文化的探察

吳子光對臺灣社會文化有其敏銳的觀察，從他在民風習俗的文化微觀和對鴉片／戰爭的理解及回應上，都可看到一位身處時代鉅變下的儒者，他如何在西力東漸中謀求自救之道，也從東西方文化交會裡讓吾人省思一位儒者的時代侷限。

（一）民風習俗的文化微觀

姚瑩（1785～1852）曾於嘉慶 24 年（1819）首度來臺任臺灣知縣，兼任海防同知，更在道光 3 年（1823）、18 年（1838）及 23 年（1843）三度入臺，無論為官或任幕僚，於制度建立、邊地開發、治安防務及風俗教化等皆政績卓著，實是對臺灣有重大貢獻的循吏。〔註141〕以其綜務治理地方多年的實務經驗，他於〈答李信齋論臺灣治事書〉提出細微的觀察予時任臺灣知縣的李信齋參考：

> 今夫逞強而健鬥、輕死而重財者，泉州之俗也。好訟無情、好勝無理。撽蒲、女妓、頑童、檳榔、鴉片，日寢食而死生之。泉州之所以為俗也，臺灣人固兼有之。然而臺灣之地，一府五廳、四縣，南北二千里，有泉州人焉、有漳州人焉、有嘉應州人焉、有潮州人焉、有番眾焉，合數郡番、漢之民而聚處之，則民難乎其為民。一總兵、三副將、水陸十三營，為督標、為撫標、為水提標、為汀邵、為延建、為長福烽火、為興化、為詔安雲霄平和、為金門同安，合九郡

〔註139〕郭秉文著；沈聿德、李淑萍校注：《新譯中國教育制度沿革史》，頁77。
〔註140〕郭秉文著；沈聿德、李淑萍校注：《新譯中國教育制度沿革史》，頁77。
〔註141〕謝貴文：〈清代臺灣循吏姚瑩的治安事功〉，《屏東教育大學學報》第 24 期
　　　　（2006 年 3 月），頁 415。

五十八營之兵而更戍之，則兵難乎其為兵。〔註142〕

文中「臺灣人」此概念是一個籍貫、文化、種族等意涵交錯的複合詞，如「合數郡番、漢之民而聚處之，則民難乎其為民。」和「合九郡五十八營之兵而更戍之，則兵難乎其為兵。」即指這種各有其社會、地理、文化背景的紛雜現象，或者說時至道光時期，臺灣這個籍貫、文化、種族大熔爐之地，仍未建立起對這塊新移民地的「臺灣人」本身所屬的認同感，以致因文化、經濟、生存、情感差異所產生的隔閡，使得「民與民不相能也，兵與兵不相能也，民與兵不相能也，番與兵與民不相能也，其日錯處而生隙焉，勢不能免。則安撫調輯之者，難在和睦。」〔註143〕社會文化問題因而層出不窮。以下茲以「健鬥」作為民風習俗微觀的討論焦點。「健鬥」指的是為了個人或團體利益的好爭勇鬥之性〔註144〕，吳子光於〈兵燹（分類附）〉即載有不同省籍或同籍間移民〔註145〕，為了土地、水源、商業利益等的大規模械鬥現象：

> 四海皆同類，紀分類者何？懲黨禍也。曷言乎黨禍？唐之牛、李，宋之洛、蜀，明之崑、宣，皆黨也，禍亦烈矣。不謂編戶齊民，亦有覆蹈此轍者。蕞爾臺灣，閩、粵、漳、泉相錯居，始焉閩與粵爭、漳與泉爭，甚至泉與泉爭。一遇有警，界劃鴻溝，誓死鏖戰，焚盪數十里無孑遺。惡習莫踰於此。夫有事會，即有爭端，有爭端，即

〔註142〕姚瑩：〈答李信齋論臺灣治事書〉，收入〔清〕丁日健輯：《治臺必告錄》（臺北：大通書局，1984年10月），頁156。

〔註143〕姚瑩：〈答李信齋論臺灣治事書〉，收入〔清〕丁日健輯：《治臺必告錄》，臺灣文獻叢刊第17種，卷2，頁156～157。

〔註144〕姚瑩為接任臺灣知縣的李信齋分析臺地械鬥之風的原由，他說：「內地之民，聚族而居，眾者萬丁已耳！彼此相仇，牽於私鬥，無敢倡為亂異者。臺灣之民，不以族分，而以府為氣類；漳人黨漳、泉人黨泉、粵人黨粵、潮雖粵而亦黨漳，眾輒不下數十萬計。匪類相聚，至千百人則足以為亂。朱一貴、黃教、林爽文、陳錫宗、陳周全、蔡牽諸逆後先倡亂，相距或三十年、或十餘年，雖不旋踵而滅，然殺官陷城，生民塗炭，兵火之慘，談者寒心。糜國家數十百萬之金錢，勞將帥累月經年之戰討，而後蕆事。人心浮動，風謠易起；變亂之萌，不知何時！其難在守常而知變。」姚瑩：〈答李信齋論臺灣治事書〉，收入〔清〕丁日健輯：《治臺必告錄》，頁157。

〔註145〕姚瑩感嘆為官有德而兼才是件難事，因各族群有其民性，如「鳳山之民狡而狠，嘉義、彰化之民富而悍，淡水之民渙、噶瑪蘭之民貧。惟臺灣附郡，幅員短狹；艋舺通商，戶多殷實：其民稍為淳良易治。然逸則思淫，一唱百和；官有一善，則群相入頌悅服；官一不善，則率訛諼而為姦欺。故舉措設施，其難者有德而兼才。」姚瑩：〈答李信齋論臺灣治事書〉，收入〔清〕丁日健輯：《治臺必告錄》，頁157～158。

有曲直。……噫！習俗之於人甚矣哉！宋人詩曰：「蟭螟殺敵蚊眉
上，蠻觸交爭蝸角中；何異諸天觀下界，一微塵裏鬥英雄。」而何
類之分為？所賴長民者型仁講讓，默化其此疆彼界之私心而歸之畫
一，庶有豸乎。〔註146〕

嘉慶、道光年間，來臺漢人依祖籍、同鄉聚居的情況，已是相當普遍。因此
「分類」即分你我，劃清此疆彼界，族群之爭，禍亦隨之。〔註147〕但不管是
閩、粵籍移民間的械鬥，或同籍漳、泉人間為爭地盤而鬥。這對整個臺灣社
會秩序的穩定和治安維護都產生不良影響。吳子光引唐代白居易（772〜846）
〈禽蟲十二章之七〉的一首七絕詩暗諷〔註148〕，認為「分類」械鬥如同唐、
宋、明時代激烈的黨爭一樣，非但無益國計民生，更耗損了內政穩定力量，
實不足取。這情形就像一種能在蚊子眉毛上築巢的小蟲蟭螟，或是像蝸牛左
右角上的蠻、觸兩國的無止盡戰爭雷同，皆因微小細故而爭鬥不休，卻對現
實生活毫無好處。因此，必賴長民主事者以更寬闊的民胸物與角度，從「型
仁講讓」的道德感發和倫理禮法著手，才能在潛移默化中解開彼此的私心怨
結而歸通於一。那在具體的方法上，吳子光接著說：「習俗移人，賢者不免，
固也。然臺地分類之禍皆宵小釀成，若在紳士斷無不肖至此，莊子云：『彼且
為無町畦，亦與之為無町畦。』因其勢而利導之，非賢司牧之責而誰責哉！」
〔註149〕以風俗移人言，吳子光舉《莊子·人間世》顏闔請教蘧伯玉為人師的
典故，提出「批郤導窾」之法，要因勢利導而循循善誘，即保全自己也圓融了
人事。

　　依學者對清代臺灣社會動亂根源的研究指出，「民變與械鬥皆是清領時期
台灣社會動盪不安的根源。然而清政府對兩者的態度卻截然不同。清政府對
民變的處理，往往以剿滅為手段；而當械鬥暴發時，官府往往空懸一張紙令，

〔註146〕〈兵燹〉，王國璠執行編輯：《吳子光全書（下）·一肚皮集》，卷18，頁1165
　　　　〜1166。
〔註147〕林朝成分析臺灣之分類械鬥與中國本地之械鬥的差別：「內地械鬥基本上都
　　　　是宗族、房派之間械鬥，屬於社會性動亂；而按不同祖籍劃分陣營的分類械
　　　　鬥，則可能轉變成政治性動亂。」林朝成：〈移民社會與儒家倫理──以分
　　　　類械鬥為中心的研究〉，收入國立成功大學中國文學系主編：《第二屆臺灣儒
　　　　學國際學術研討會論文集》，頁261〜262。
〔註148〕這首詩是唐代詩人白居易所作組詩〈禽蟲十二章〉其中的一首七絕詩，非宋
　　　　代詩人所寫，此處吳子光應該是誤植或記錯了。
〔註149〕〈兵燹〉，王國璠執行編輯：《吳子光全書（下）·一肚皮集》，卷18，頁1166。

虛應故事而已。『分類械鬥』根源於台灣移民社會的底層，其影響遠大於民變，且二者往往互相影響。」〔註150〕而上述不論是閩、粵省籍械鬥，或是同籍漳、泉械鬥，這都只是在不同移民間的範圍內所發生的，事實上，還有另一種情況是屬於官府和庶民間的爭鬥，吳子光對此現象亦有載記：「臺俗儇薄，招致任俠，與孟嘗封邑相類。又有刀筆吏起而搆之，百金之產，旦暮間可盡。甚則報復尋讎，禍至常慘。」〔註151〕是故，「就清朝治臺的國家機器的層次言，官弁風紀的敗壞，才是十分嚴重的結構性弊病，當時在臺儒吏或儒士早已引為最大憂患。臺灣民變的根由，主要即是導火於『官逼民反』；惜乎清廷一直加以漠視，故使臺地終清世而民變和械鬥不斷，臺民長久生存於恐懼和危難之社會中。」〔註152〕

　　另外，據筆者於2017年8月10在豐原（葫蘆墩）慈濟宮所做的田野調查也有一段關於吳子光折衝官與民爭的故事，這和廟中一塊題為「明德馨香」的匾額有關，如圖5-1所示。

圖5-1　同治10年吳子光敬獻豐原慈濟宮之「明德馨香」匾

　　現存廟裡的「明德馨香」匾，是1922年時經慈濟宮重製的新版，已非同治10年（1871）吳子光所敬獻的匾額，殆因舊匾年久失修老舊，文字多已脫落，故宮廟執事張麗俊先生遂持該匾字模，到聚星觀與吳子光之孫吳玉成商

〔註150〕林朝成：〈移民社會與儒家倫理──以分類械鬥為中心的研究〉，收入國立成功大學中國文學系主編：《第二屆臺灣儒學國際學術研討會論文集》，頁262。
〔註151〕〈直隸州知州銜賞戴藍翎甲午科舉人修堂劉公傳〉，王國璠執行編輯：《吳子光全書（下）‧一肚皮集》，卷5，頁278。
〔註152〕潘朝陽：〈康熙時代臺灣社會區域與儒家理想之實踐〉，收入國立成功大學中國文學系主編：《第二屆臺灣儒學國際學術研討會論文集》，頁257。

討刻置新匾一事，其《水竹居主人日記（七）》曾記錄此事：

> 元六月十二日今七月廿八日
>
> 晴天，持字模往聚星觀付吳玉成，因其祖父吳子光先生，乃前清同
> 治三年甲子科舉人，曾掛匾在慈濟宮，於今五十八年，年月姓名脫
> 落，我故再書付匠人刻置之。〔註153〕

然而關於豐原（葫蘆墩）慈濟宮「明德馨香」匾，事實上有一段不為人知的故事，這是張麗俊《水竹居主人日記（七）》所沒有記載的。筆者為查索此事的來龍去脈，2017 年 8 月 10 日前往慈濟宮，訪問了豐原在地的文史工作者廖啟宗老師，廖老師談到張麗俊《水竹居主人日記（七）》中，確實記錄和說明了新舊「明德馨香」匾置換原由的史實，但卻沒有載述「明德馨香」匾的由來。原來該匾是同治 10 年由吳子光所敬獻，而廖老師從耆老口中所聽聞的故事，則是由吳子光孫子吳玉成講述而來。

基本上，吳子光敬獻「明德馨香」匾給慈濟宮一事，算來是吳氏家族在苗栗銅鑼開發史的一部份。清前期來臺的吳氏族人，多聚居在苗栗銅鑼一帶。光緒 2 年，雙峰草堂初成後，吳子光也安身於銅鑼灣樟樹林村雙峰山腰。早先由於移居臺灣的漢人越來越多，當時土地取得、水源引灌等利益，常會造成族群間的衝突，閩、客籍族群間的分類械鬥也是在這樣的背景產生的。例如，「臺中地方原為大片荒野的『原野景觀』。清廷領臺後，始有閩粵移入墾，後來土著『岸裡社』族等陸續歸化，以割地換水方式訂立墾約，從此招徠大批漢人從事開拓，乃為臺中水利設施之濫觴。」〔註154〕，葫蘆墩圳的開發即是著名顯例，因臨近大甲溪，其灌溉範圍涵蓋現今臺中縣、市，「當時移民為維護本身利益，尤以水源的利藪爭取與保護，在移墾社會中所形成區域間對立尖銳化，導致水利糾紛訴訟事件頻繁。」〔註155〕因此為避免土地、水利權益取得衍生不必要的糾紛，早期臺中大平原的開發，先民對土地權正當取得的方法，主要是申請墾號，又可分為租賃、買賣和割地換水等三種，而以「割地換水」進行交換的方式則是較常見的。這相對於霸耕、侵佔原住民土地的

〔註153〕張麗俊：《水竹居主人日記（七）》（台北：中央研究院近代史研究所，2004
　　　　年 1 月），頁 399。
〔註154〕陳炎正：〈以岸裡社為例看臺灣早期的開發〉，《臺灣源流》第 11 期（1998 年
　　　　9 月），頁 27。
〔註155〕陳炎正：〈以岸裡社為例看臺灣早期的開發〉，頁 29。

方式，是較理想、平和的策略。〔註156〕諸如此類土地開發、埤圳水利管理等問題實反映了一個開發中社會的民生經濟實況，吳子光族人在苗栗銅鑼開墾所遇到的問題也是如此。

　　同治10年，因聚居貓裡的吳氏族人和官府有土地開墾爭議，吳子光受族人之託，而出面解決這件土地開發紛爭案，雖說是官府誣告吳氏族人，但兩造間的衝突卻處在一種資訊和權力不對等的局面，受到公權力壓制與不平等對待的族人，只懇請吳子光出面從中斡旋，因具有舉人身份的吳子光，其社會位階足以和官府抗衡，請託吳子光居間溝通協調，希望能取得共識的機會較大。那時吳子光坐館筱雲山莊，在啟程北上前往苗栗途中，吳子光或許也正為如何排解此事而苦思對策，盼能儘快圓滿的平息這場官訟，故而特地到豐原慈濟宮請求媽祖指示，雖不知媽祖指示為何，但此事最後有了一個圓滿的結果，於是在吳子光回程筱雲山莊時，特別到慈濟宮獻「明德馨香」匾以示感恩之意。

　　竊意此事本質也和分類械鬥相同，只是爭鬥對象換為官府罷了。再者，從政治場域的觀點看，吳子光因有舉人的功名，故得以進入場域內和官府談判〔註157〕，也因為他擁有比吳氏族人更強大的「社會資本」可運用，是故在這個社會空間行動時，他能動員已掌握的社會關係網絡，並通過人際網絡來展現抗衡「力量」。換言之，在政治場域空間中，吳子光與苗栗官府兩造都處在相對的某個位置上，雙方打交道時的起點是相同的，但當進入利益競爭的核心圈時，便端視各自所把握的社會資本的容量有多少，或者所能聯繫的社會網絡中的每個成員所持有的各種資本（經濟資本、文化資本或象徵性資本）的總容量大小，來決定彼此力量的強弱。〔註158〕因此，「作為一種場域的一

〔註156〕陳炎正：〈以岸裡社為例看臺灣早期的開發〉，頁22～24。

〔註157〕「場域概念所要表達的，主要是在某一個社會空間中，由特定的行動者相互關係網絡所表現的各種力量和因素的綜合體。場域基本上是一個靠社會關係網絡表現出來的社會性力量維持的，同時也是靠這種社會性力量的不同性質而相互區別的。」高宣揚：《布爾迪厄 Pierre Bourdieu》（臺北：生智文化事業有限公司，2002年6月），頁233。

〔註158〕「所謂社會資本，是藉助於所占有的持續性社會關係網而把握的社會資源或財富。一個特殊的社會行動者，所掌握的社會資本的容量，決定於他實際上能動員起來的那個社會網絡的幅度，也決定於他所聯繫的那個社會網絡中的每個成員所持有的各種資本（經濟資本、文化資本或象徵性資本）的總容量。」高宣揚：《布爾迪厄 Pierre Bourdieu》，頁251。

般社會空間，一方面是一種力量的場域，而這些力量是參與到場域中去的行動者所必須具備的；另一方面，它又是一種鬥爭的場域，……所有的行動者相互遭遇，而且，他們依據在力的場域結構中所占據的不同地位而使用不同的鬥爭手段。」〔註159〕顯然地，吳子光於此次的官、民利益訴訟紛爭裡，他所扮演的是一個有「力量」的行動者的角色，並帶著各種「資本」所賦予的「力量」，在此政治場域裡和苗栗官府競合。而此事件也深一層凸顯了儒者必須有承擔公共議題的責任與身為公共型知識分子的勇氣。

清代臺灣儒者如何看待分類械鬥所帶來的區域紛爭，和其所造成的社會動亂，以及提出怎樣的策略來消弭、化解此層出不窮的社會事件，著實值得關注。因為這種持續性的社會動亂，以儒家本有之齊家、治國、平天下的國家政治願景而言，知識份子對此社會現象的關懷，恰好是印證道德禮義價值的契機，亦是彰顯儒者「憂以天下，樂以天下」經世本懷。

（二）對鴉片／戰爭的理解及回應

據姚瑩〈答李信齋論臺灣治事書〉所述，諸如「撟蒱」（賭博）、狎妓、頑童、嚼檳榔、吸食鴉片等風氣盛行民間，這幾件事使得臺灣人「日寢食而死生之」，以「撟蒱」（賭博）、嚼檳榔而言，早在康熙59年（1720）刊行的《臺灣縣志》已有記載：

> 賭博之風，無處不然，臺為尤甚。連日繼夜，一擲千金，不顧父母妻子之養；內地之人，流落海外，數十年而不得歸，是可嘆也！邇年有司示禁甚嚴，其風稍戢。〔註160〕

> 檳榔之產，盛於北路、次於南路，邑所產者十之一耳。但南北路之檳榔，皆鬻於邑中，以其用之者大也。無益之物，耗財甚多。然鄰里角競，親朋排解，即以此代酒席釋之，遂為和好如初。客至，亦以此代茶焉。〔註161〕

此等不良風氣和飲食衛生習慣，確實為社會安全、經濟、心理、健康體系的建構帶來沉重負擔。而「鴉片」的吸食問題和隨「鴉片」走私〔註162〕、貿易

〔註159〕高宣揚：《布爾迪厄 Pierre Bourdieu》，頁232。

〔註160〕〔清〕王禮主修，陳文達編纂：《臺灣縣志》（台北：大通書局，1984年10月），頁58。

〔註161〕〔清〕王禮主修，陳文達編纂：《臺灣縣志》，頁58。

〔註162〕「至於臺灣，清朝庭開始嚴禁鴉片時，擔任臺灣道的姚瑩就按朝廷『初犯者

而來的西方勢力的入侵，更是對清廷治臺形成嚴峻的挑戰。「一七二一年，隨著堂兄藍廷珍來臺灣平定朱一貴事件的藍鼎元，發現臺灣人吸食鴉片的問題非常嚴重，他上書巡臺御史陳述臺灣鴉片毒害猖狂，必須禁絕鴉片並振興臺灣衰頹的風民；《臺灣縣志》中更指出鴉片和賭博是臺灣風俗的兩大害。」〔註163〕既然鴉片有損身體健康，也造成白銀外流而影響國家財政，為何如此難禁絕呢？依歷史學者駱芬美的剖析，當時臺灣的地理生態環境──瘴厲之氣──是影響鴉片吸食的原因之一，「臺灣島中央為南北走向的高山峻嶺，能阻擋東北及西南氣流，形成豐沛的雨水，地理位置及地形條件使臺灣炎熱又潮濕，這樣的氣候環境容易產生各種『風土病』，加上臺灣位於中國大陸南方偏南，對漢人而言，當然是『瘴癘之地』。」〔註164〕，而「南北瘴病差異在於：南淡水的瘴病發作時忽冷忽熱，但只要醫治得法，病後小心調護，就會痊癒；染了北淡水的瘴病，整個肚子會鼓脹起來，而且腹瀉不止；北淡水的瘴氣是陰氣過盛、山嵐海霧所導致，很難治癒。瘴氣會因開發程度而減緩，三百多年前，臺灣北部大多尚未開發，因而瘴氣比南部更惡毒。」〔註165〕。

「瘴厲之氣」與高山叢林的多寡有關，「臺灣高山多，森林動植物腐敗後散發出的毒氣稱為瘴氣，容易讓人生病，臺灣人因而風行吸食鴉片來避瘴氣，茶和檳榔雖然也可以抵抗瘴氣，但效果不如鴉片。」〔註166〕，從這個視角切入，或許能解釋除了經濟誘因外，檳榔、茶樹為何滿布臺灣山坡丘陵的原因。而在連橫《臺灣通史・流寓列傳》即載吳子光「嗜阿芙蓉」一事，顯見吸食鴉片已隱然成為全民運動，連疾惡如仇、耿直不曲的吳子光也不倖免。在面對此變調民風，又攸關國家安全、興衰大計之局，他有何因應對策呢？且看其《經餘雜錄・服餌》所示：

> 衛中立，字退之，餌金石，求不死，反死。故白太傅詩云：「退之服

處刑罰，再則處死』的命令來執行；但是英國船隻常來到雞籠（基隆）、滬尾（淡水）與百姓秘密進行交易，因此暗中吸食的人仍然很多。」《被混淆的台灣史：1861~1949 之史實不等於事實》（臺北：時報文化出版社，2014年1月），頁 48。

〔註163〕《被混淆的台灣史：1861～1949 之史實不等於事實》，頁 46。
〔註164〕《被混淆的台灣史：1861～1949 之史實不等於事實》，頁 25。
〔註165〕《被混淆的台灣史：1861～1949 之史實不等於事實》，頁 28。
〔註166〕《被混淆的台灣史：1861～1949 之史實不等於事實》，頁 49。

硫黃，一病訖不瘥」〔註167〕，……李道古輩皆唐室名臣，卒以金石
隕其生，可悲也。余謂今世洋藥比于方士金丹尤毒，昔時中金丹毒
者，至尊與顯宦十數人已耳；惟洋藥毒流海內，害却多少身命！謹
厚者亦復為之。余賦性通脫，偏于洋藥一種，斯須不能去身，此與
劉邕之嗜瘡痂何異！〔註168〕

據上文所述，吳子光先舉出歷史上因服丹藥、硫磺而削弱生命力的例子，如
韓愈（768～824）服硫磺而一病不瘥，或唐朝宗室李道古以金石隕其生，皆
是可悲之事。次者，再以金丹和洋藥（鴉片）相提並論，認為在古代中金丹毒
者，只有至尊與顯宦十數人，但現在洋藥橫流中國、臺灣，受害的身命已不
可勝數。可知吳子光對服藥傷身之事是有所警覺的，更何況鴉片比之金丹的
毒性更強，危害的範圍已壓迫到國家安全與自主權，怎奈他對於阿芙蓉（即
鴉片）的特殊愛好程度，如同南朝宋貴族劉邕「嗜痂成癖」一樣，難以戒除。
筆者認為吳子光吸食鴉片已不是習慣、偏好的問題，而是長期積累出的高成
癮性，使得身體細胞完全浸潤在鴉片毒中而無法自拔。做為一個時常為社會
公共議題發聲的儒者來說，吳子光吸食鴉片的行為是該被譴責的，雖然筆者
無法確知吳子光吸食鴉片的動機或背後的原因是什麼？但可以確認的是臺灣
人吸食鴉片的情況已相當普遍，這也意謂西方勢力入侵臺灣更甚以往，因此
清廷已察覺到事態嚴重而開始有禁煙行動，吳子光《淡水廳志擬稿・海防》
便直言：

英夷甚貪亦甚黠。其深可恨者，莫如鴉片烟一種。我中國歲糜金銀
以數千百萬計，受彼荼毒者幾二百年〔註169〕。道光時，鴻臚寺卿黃
爵滋以嚴漏巵、培國本事疏請禁烟，奉旨允行，而犯者如故。卒以
此啟大釁，粵省幾不支。豈天心尚未厭亂與？抑肉食者謀國之未臧
也？聞夷人製造此物，吸食者殺無赦，是彼國亦知此物害人，故屬
禁嚴甚。獨中國愈禁愈犯，若是其恝不畏死者何以故？豈法制禁令

〔註167〕白太傅是指白居易，是一首五言樂府，詩名〈思舊〉。唐代韓愈和衛中立，
　　　　兩人皆字退之，但「退之服硫黃，一病訖不瘥」一事，到底是哪個「退之」，
　　　　至今因文獻之不足徵仍未有定論。不過依吳子光之見，他認為是衛中立。
〔註168〕〈服餌〉，王國璠執行編輯：《吳子光全書（上）・經餘雜錄》，「詞林典實類」，
　　　　卷6，頁338。
〔註169〕雍正7年（1729年），曾頒布過最早的禁菸令，而吳子光「受彼荼毒者幾二
　　　　百年」之說，往前推算則是到清初，不知吳子光所指時間是否早於雍正皇帝。
　　　　因清代國祚若從1644年定鼎中國為起點是268年。

> 可行於雕題鑿齒之域，而不可行於冠裳禮樂之邦與？抑積漸之勢使
> 然與？〔註170〕

顯然吳子光已意識到英國人欲藉鴉片烟賺取中國金錢財貨的目的，是故有道光年間（1839年）擔任大理寺少卿（相當時今法務部副部長）的黃爵滋，曾以「造成國家財政嚴重損失」的理由，建議「通告全國一年之內戒絕鴉片吸食，否則罪以死論」的禁烟疏。〔註171〕然而，法令頒行後卻沒有達到應有的效果，違法者依然如故，最後引發了中、英鴉片戰爭，廣東省首當其衝，幾乎不支。吳子光反省為何外國立「吸食者殺無赦」之法可達到禁絕吸食的目的，而中國卻愈禁愈犯，難道是法制禁令可行於蠻荒之國，不可行於冠裳禮樂之邦？又或者是浸漸的趨勢使然呢？關於吳子光之所疑，有學者提出：「其實同一時間，臺灣人吸食鴉片情況之嚴重，絲毫不亞於中國，特別是在一八六〇年淡水開港後。此外，當時的西方社會，鴉片的吸食也相當普遍。可見在醫療不太發達的時代，具有麻醉與鎮靜特性的鴉片，自然被視為具有實用價值。」〔註172〕

對查禁鴉片所引發的戰爭，吳子光不捨地說：

> 粵省禁烟時，內外禍交作；胥吏乘機詐騙，獄囚纍纍，五羊城中，
> 勢如沸湯然。梅夢雄解元詩云：「誰遣貨通獅子國，更無兵駐虎門
> 山」；「棄灰尚自難逃死，比戶居然盡可封」；「可憐粵海繁華地，城
> 市荒涼似禁烟」；「怎怪牧豬屠狗輩，紛紛投筆請長纓」。〔註173〕

鴉片戰爭起於道光19年（1839）林則徐到廣東收繳鴉片，直到道光22年（1842）清廷戰敗簽訂南京條件為止。而吳子光恰巧也在道光19年、22年兩次渡海來臺，因此筆者推想吳子光應當面臨過戰爭後的慘況，甚至是見過海戰的實況，否則不會慨嘆內外禍交之際的廣州，竟有「胥吏乘機詐騙，獄囚纍纍，五羊城中，勢如沸湯然。」的紛亂之象，或者是引「誰遣貨通獅子國，更無兵駐虎門山」詩句直指林則徐虎門山銷烟一事，抑或是「可憐粵海繁華地，城市荒涼似禁烟」，皆是對鴉片戰爭為廣東帶來災禍動亂的同情表現。

〔註170〕〈海防〉，王國璠執行編輯：《吳子光全書（下）‧一肚皮集》，卷18，頁1177
～1178。

〔註171〕《被混淆的台灣史：1861~1949之史實不等於事實》，頁47。

〔註172〕《被混淆的台灣史：1861~1949之史實不等於事實》，頁42。

〔註173〕〈海防〉，王國璠執行編輯：《吳子光全書（下）‧一肚皮集》，卷18，頁1178。

「這些種種的禁鴉片行動，特別是林則徐的嚴禁鴉片，被認為是引發鴉片戰爭的原因。其實先是英國對中國貿易長期的逆差，加上中國採取銀本位，英國則是金本位，英國為了減少金銀兌換的損失，會用『以物易物』的交易方式，特別是以鴉片來交換所需的茶葉，因而讓英國不得不發動戰爭，以解決對中國貿易的困境。」〔註174〕，吳子光身處強勢西方宗教與武力入侵的歷史時刻，自然無法置身事外，嘗言：

> 按紅毛、英咭唎、荷蘭諸國，或分或合，詮解不一。其人英驚異常，多技巧。康熙、乾隆年間進貢表，猶稱藩臣禮甚謹。自道光中葉，遂有夜郎自尊之意，視作敵體然。更於要口築蝸居礮臺，飾詞為互市計。性本慳吝，亦時散金帛以結人心，借聽講以演教術，竟有邯鄲才人嫁為廝養卒婦而不辭者；冠履倒置極矣，不亦羞朝廷、辱當世之士乎！第彼國所恃者船堅礮利，故於水戰見長。若驅之陸地，易與耳；所賴有威望重臣。富國強兵，首嚴內外之防，以陰消其桀驁不馴之心，使之不得逞，則夷人又何能為？第千軍易得，一將難求。有其人矣，又必假之以便宜，需之以歲月，凡百無所掣肘，使盡心力為一勞永逸之計，於國事始有裨益。〔註175〕

於此，吳子光似乎是以宗主國的心態來臣視英、荷等國，未能真正察覺到西方諸國的文明已非昔比。而對於外夷謀「於要口築礮臺」以要求通商互市，和以船堅礮利的武力威嚇等策略，吳子光已有所意識，故提出三個戰略以之防範，一是軍事方面，驅之陸地以削弱其長於水戰的優勢；二是內政方面，首嚴內外之防以達富國強兵；三是培養將士領導人才。此外，又從臺灣的戰略位置著眼指出：

> 臺灣海外雄鎮，惟淡水實當其衝，形勢尤為全臺冠，故防海最要焉。……夷人性本獷悍，加之船堅礮利，名為通商，實則窺伺土地。又我國奸宄之徒，深為彼所愚弄，脅之以威、餌之以利，惟其意之所欲為。倘異日邊釁一開，則沿海數千里，必有遭其蹂躪而不能安枕臥者，如前明倭寇之禍是已。此則履霜堅冰，宜防其漸耳。若夫慎封守、勤會哨、嚴紀律、計萬全，則胡宗憲籌海圖編、鄭氏萬里

〔註174〕　《被混淆的台灣史：1861~1949之史實不等於事實》，頁48。

〔註175〕　〈海防〉，王國璠執行編輯：《吳子光全書（下）・一肚皮集》，卷18，頁1176～1177。

海防圖等書，愷切詳明，中才舉而措之裕如矣。志海防。〔註176〕
吳子光從中國、臺灣沿海整體地理形勢走向，考量航道交通、軍事支援、進
攻防守等利弊之策，他認為「臺灣古毘舍耶國，上達天津，外控四裔，為東南
七省門戶，實瀛壖第一奧區。」〔註177〕即指明臺灣在東南沿海防衛的島鏈戰
線縱深上，居於一個承上啟下的樞紐位置，故海防工事若做得完密靈活，將
為東南七省的安全提供最大的屏障。而淡水更是全臺海防守軍之關鍵要塞，
英、荷等夷人的性情獷悍，收買奸宄之徒為之操弄，加之以船堅礮利侵逼，
名為通商，實則窺伺中國土地。之後清廷對外戰役，連連敗於英、美、法、
日、俄等國，多以割地賠款方式議和，就這樣，臺灣、香港也成為日、英的殖
民地，這個結果亦證明吳子光對時勢判斷的準確性。英、荷等國從進貢稱藩
到成為道光朝時的強大外患，藉鴉片大量輸入中國賺取白銀、物資，失衡的貿
易自然禍端肇啟，善於水戰的西方諸強國（殖民帝國主義者），也讓吳子光敏銳
觀察到中國東南沿海情勢的變化，於是鞏固海疆成為保家衛國的第一道防線，
也是首要之務，明倭寇之禍可為前車之鑑。他特舉明代嘉靖時期的抗倭名臣胡
宗憲（1512～1565）為例，讚揚他所定戰略對於東南沿海倭寇之患的撫定有極
大貢獻；鄭若曾（1503～1570）是嘉靖時期另一個傑出的軍事家，他曾出謀劃
策，參與了戚繼光、唐順之等人的御倭軍事行動，成功的平定倭寇之亂，吳子
光更讚揚他的《籌海圖編》、〈萬里海防圖〉〔註178〕具有很高的軍事戰略價值。

自明代以來，倭寇長期擾邊已對東南沿海人民的生命財產安全造成威脅，
他說：

> 知倭奴聚羣不逞，舟泊瑯嶠等處，意殊叵測。夫臺地非小弱也，金
> 湯雄壯、士馬精強關係東南半壁，……惟因彗星夜見，海外人心蒼
> 皇殊甚，夷性最貪亦最黠，安知彼不借天時人事之說煽惑愚氓，以
> 蕩搖我邊疆也。蓋夷狄之為中國患非一世矣，朝廷休養生息二百年，
> 所有文人學士作露布則有餘，執干戈則不足。〔註179〕

〔註176〕 〈海防〉，王國璠執行編輯：《吳子光全書（下）‧一肚皮集》，卷18，頁1175
～1176。
〔註177〕 〈呈諸當事書〉，王國璠執行編輯：《吳子光全書（下）‧一肚皮集》，卷3，
頁111。
〔註178〕 《籌海圖編》共13卷，是胡宗憲擔任纂輯召集人，而交由幕僚鄭若曾主纂。
〔註179〕 〈寄家以讓孝廉書〉，王國璠執行編輯：《吳子光全書（下）‧一肚皮集》，卷
3，頁126～127。

於此，吳子光再次強調臺灣非小弱之地，只要用心擘劃，持續投資經營，以「慎封守、勤會哨、嚴紀律、計萬全」為實施策略，那麼臺灣成為「金湯雄壯」、「士馬精強」的堡壘就指日可待，中國東南半壁江山也將得以保全安康，進一步防微杜漸阻止英、荷、日諸強的染指。關於吳子光面對西力東漸的侵迫日急現實，有論者謂：「光緒中葉時期，西力歐風衝擊中國實已久矣，但當時臺灣地方儒士似乎既聾且盲，對於世界新知識，完全無動於衷，所以其等纂修地方史志，依然陷溺於帝王專制的思想牢籠而喪失了高明博厚且靈活主動的道德理性與判斷力，十足表現出思想和文化創造力的邊緣性本質。被《苗志》視為苗栗才子的吳子光是其中顯例。」〔註180〕對照於上述吳子光所提出的固內政以強海防的戰略，即是臺灣地方儒士對世界局勢變化的察知及因應，他雖未有跨海出擊，決勝海疆的積極海防思想，但對於西方諸強國的侵略野心也知之甚詳，比較現代軍事戰略佈局將臺灣定位為東亞第一島鍊的核心關鍵，與吳子光以臺灣為「東南七省門戶，實瀛壖〔註181〕第一奧區。」的海防思想不謀而合，這種大格局的周邊國家區域性軍事眼光，實不能視而不見或留意研析，而僅以「陷溺於帝王專制的思想牢籠」一語加以涵蓋。

第四節　吳子光學術思想的現代意義

　　吳子光的「恕道史論」具有回歸到原始儒家思想的特色，這是一種「設身處地之想」，也是人我交往時關係和諧的保證。「恕道」亦是一種「公」精神的顯現，頗符應儒家後習俗責任倫理觀點下對禮治社會的擘畫。在現代社會生活的互動中，從無律、他律到自律就是「恕道」的實踐，而一個擁有社會良心的知識分子也應然是「恕道」的踐行者，禮治社會的倡導者。

一、「恕道史論」符應儒家後習俗責任倫理下的禮治社會

　　吳子光的「恕道史論」是以《論語》：「夫子之道，忠恕而已矣。」〔註182〕為中心，進而擴大到整體《四書》學的把握，豁通《四書》中關於「恕道」之旨的闡釋，尤其是《中庸》所揭示的不偏正道和不易定理，即在不出情理之外的人倫中實踐，從而彰顯孔子「吾道一以貫之」的真義。吳子光論史的三

〔註180〕潘朝陽：《臺灣儒學的傳統與現代》，頁106。
〔註181〕瀛壖指的是中國東南沿海、臺灣四周整個海域範圍。
〔註182〕〔宋〕朱熹：《四書章句集注・論語》，卷2，里仁第4，頁72。

原則是「論情」、「論理」、「論勢」，常就史事的整幅格局來裁斷人物虛實、事件是非，且對於廣大無助百姓的遭遇常寄予無限同情。黃俊傑言中國史家著史「不僅有心於解釋世界，更有心於改變世界，而改變世界之途徑就是通過史著之撰寫而『善善、惡惡、賢賢、賤不肖』，以歷史寫作與解釋以達到淑世、經世之目的。……章學誠說：『史學所以經世，固非空言著述也。』一語，可視為傳統中國歷史寫作之根本精神。」〔註183〕吳子光雖未能著史以成一家言，但其論史諸作意涵確也同樣表達了「史學所以經世、淑世」的目的，如《三長贅筆‧敘》云：「史論由來久矣……，予向讀陳同甫〈忠臣論〉、郭子章〈管蔡論〉詫為奇筆，惟是非頗謬於聖人，遂棄如廢紙，似此武斷孰若卑之無甚高論耶？用是平心靜氣不敢為詭誕不近情理之說以炫惑人世，偶有所得，隨筆紀錄，故雜亂無章未暇更為編次，猶草藁也。歐陽公云：『吾不畏先生畏後生耳』，姑存此以俟後之糾繆者。」〔註184〕，「文章是天下之公器」故得受天下人之公論，吳子光屢言之。因此，論史要平心靜氣不能隨個人主觀好惡行之，必在情理之中進退是非，以恕道為圭臬。

據林遠澤研究現代倫理學的發展趨勢和儒家道德思想的相干性〔註185〕，如比較儒家心性論、工夫論與天道論後，他認為「儒家是一種嘗試結合正義與關懷的後習俗責任倫理學，它一方面依據本真性的責任倫理，從孝親從兄的根源性情感出發，透過追求聖賢理想人格的努力，擴充不忍人的仁心，以能依忠恕之道而平等地對待所有其他人與天下萬物，從而轉化自己成為以德潤身的理性存有者；另一方面，它透過團結的責任倫理展開外王的禮樂建制，以能使每一個人的自我認同與身分轉化，……，並同時使得我們願意共同遵守的規範，能在正名論的規範建構中，為良序整合的社會體制提供正當性的

〔註183〕黃俊傑：〈從東亞視域論中國歷史思維的幾個關鍵詞〉，收入《思想史視野中的東亞》（臺北：國立臺灣大學出版中心，2016年10月），頁28～29。

〔註184〕王國璠執行編輯：《吳子光全書（中）‧三長贅筆‧敘》，頁1～2。

〔註185〕林遠澤指出「道德發展理論自上個世紀八〇年代盛行以來，其理論本身也因為內部的修正，而經歷了從科爾伯格為代表的『正義倫理學』，以及由吉莉根等女性主義學者所發展的『關懷倫理學』，再到德國對話倫理學家阿佩爾與哈伯瑪斯所構思的『後習俗責任倫理學』等三個不同的理論發展階段。然而，就道德發展理論不斷進行理論修正的過程來看，儒家關於『仁義內在』、『內聖外王』、『克己復禮』與『天道性命』等道德問題的思考，卻若合符節地一一反映在他們思考轉折的關鍵點之上。」林遠澤：《儒家後習俗責任倫理學的理念》（臺北：聯經出版社，2017年4月），頁47

證成基礎。」〔註186〕，而所謂「後習俗責任倫理學」是「指我們在道德能力或道德人格的培養中，不僅要超越習俗倫理的觀點、學會掌握依道德原則而進行道德判斷的能力，以能在後習俗的道德序階發展中，達到具有依道德自律以實現人格尊嚴，以及依平等對待他人的正義理念建構良序社會的能力，更要求在理想性的道德訴求之外，能面對真實的生活世界，去考慮在理想上被認為具有義務正當性的規範，如何在現實的生活情境中，能具有被遵循的可期待性，或實踐的可應用性。」〔註187〕，後習俗責任倫理學的觀點代表道德發展的最高序階，它是由科爾伯格（1927～1987）所發展出來的道德發展理論，「道德判斷不只是心理的自然成熟，或者外在規範制約的內化結果，而是透過『同化』與『調適』的路徑來不斷解構、重構既有道德判斷基礎的過程。因此，他參考皮亞傑（1896～1980）兒童道德心理發展三階段的觀點：自我中心的道德無律階段、他律階段與自律階段，並以正義概念為中心來定位道德發展的序階：前習俗時期、習俗時期與後習俗時期等三個層次。」〔註188〕

　　相應於後習俗責任倫理學所提出的正義與關懷論述，吳子光所揭櫫的「恕道」論史三長：「論情」、「論理」、「論勢」，其精神與之有若合符節之處。以下，筆者援用林遠澤對儒家道德思想與後習俗責任倫理學相關性的分析，以「本真性的責任倫理」及「團結的責任倫理」內外兩層次分述之。首先，在本真性的責任倫理方面，吳子光《淡水廳志擬稿・孝友序》言：

> 宇宙間第一流人物，忠臣而外，厥為孝子。孝則未有不友者，行固相類，事亦相因，宣聖所以稱行在孝經。……天下無不是底父母，世間最難得者兄弟。杖履夾持，綵服中自有真樂；塤箎一氣，門庭內皆無間言。故君陳一冊，家政、國政一以貫之，無論智愚、通塞，皆宜佩服斯言。志孝友。〔註189〕

雖然序文開頭即強調宇宙間第一流人物為忠臣，次為孝子，但「忠臣出於孝子之門」。因此，孝仍為人倫分別親疏遠近情感的根基，能孝則能友悌兄弟，相互扶持，互通聲氣，這是世間最難得的情感。門庭內一片和諧自能家業興旺，推擴而出，鄰里戶戶亦家政和樂，人際間行事交往無礙，由是而鄉黨循

〔註186〕林遠澤：《儒家後習俗責任倫理學的理念・導論》，頁20。
〔註187〕林遠澤：《儒家後習俗責任倫理學的理念・自序》，頁7～8。
〔註188〕林遠澤：《儒家後習俗責任倫理學的理念・導論》，頁25。
〔註189〕〈孝友序〉，王國璠執行編輯：《吳子光全書（下）・一肚皮集》，卷18，頁1157。

至社會國家，處處里仁之美則共積化為一國良善守禮的道德文化。可見「孝上友悌」是一種充分發揮道德能力的情感作為，而道德認知也在這樣的實踐中得到廓清強固，忠於自己道德實踐認知後，進而推己及人，構成道德詮釋循環，也就是在人、我彼此相對待時，這種設身處地感受自己和尊重考量別人的能力，會逐漸形成一種道德觀統整和分化的能力。如同科爾伯格（1927～1987）認為道德能力的展開必須在人際互動中才能形成，而「己所不欲，勿施於人」這樣一種具普遍性的道德行為，即是人類道德能力開始萌芽的關鍵。〔註190〕故而「能設身處地、感同身受地採取他人角色的思考過程中，同時發生了兩件事：一是我開始能把他人的觀點包含到我自己行為的決定中，而即是科爾伯格所說的『統整』能力，二是我如果能透過己所不欲勿施於人的觀點，來決定自己應該考慮到別人，而不只考慮到我自己的愛好與利益的滿足，那麼我就是開始能夠以尊重他人人格尊嚴的應然價值，高於滿足我自己的愛好與利益的實然價值，來決定自己的行為選擇，而這就是所謂的『分化』能力。」〔註191〕

又〈節烈序〉有云：

> 富貴擬諸浮雲，形骸視如委蛻；上下數千百年間，祇此忠孝節義懍懍有生氣存耳。夫巾幗者流，似與鬚眉男子不可同日語矣。乃一念之貞，無難銘金石而誓山河；此其血性為何如，雖欲不推為第一等人物得乎？良由大化翔洽，雖婦女亦知顧名義、重綱常。後世聞風興起，猶且敬之、畏之，尸祝之不暇。而士之貌焉負七尺軀者，勉思存忠孝心，無為兒女子所唾棄不屑焉，則無愧宇宙完人矣。志節烈。〔註192〕

序文中以「富貴如浮雲，形骸如委蛻」的有限性，凸顯了忠、孝、節、義等道德作為的恆常價值。且道德判斷的能力不因性別不同而有差異，即便是巾幗者流，有此忠孝心行者，仍推為天下第一等人物。此處，吳子光再次強調了道德的普遍性，因人人咸具忠孝之心，只要能時時覺察言行是否合情中理，自能契合倫紀。

〔註190〕林遠澤：《儒家後習俗責任倫理學的理念‧導論》，頁26。
〔註191〕林遠澤：《儒家後習俗責任倫理學的理念‧導論》，頁27。
〔註192〕〈節烈序〉，王國璠執行編輯：《吳子光全書（下）‧一肚皮集》，卷18，頁1158。

次者，在團結的責任倫理方面，吳子光其實相當重視禮樂規範的人文教化作用，其〈卻老之難〉言：

> 陶淵明云：「好讀書，不求甚解」此語非真讀書、真解人不能道。然意亦須善會，乃不至于耳食爾。大抵讀書視乎精力，余曩年見惡時，嘗取鄭註、賈疏涉獵再三，見人持異論附和穿鑿，令人無所適從，因將三禮中明堂禘祫，井田貢助徹，古今尺長短，樂律異同處，援引諸家，附以管見為《禮樂通考》不下十數萬言。遇戴氏之亂，避難奔馳，亡書不止三篋。方愧才非安世，空費神思，為痛悼者久之。
>
> 今衰老才盡，欲更從事於典禮而精力日耗矣。〔註193〕

吳子光因戴潮春之亂，在兵荒馬亂之中，丟失了《禮樂通考》等在內的三篋多的著作。他是一個廣學博識的儒者，故能避免拾人牙慧、附和穿鑿而無所見，其累積多年才撰成的《禮樂通考》不下十數萬言，目的除了援引諸家比較《三禮》中有關宗廟重大祭典、井田制度、貢助田賦之法、古今尺長短和樂律異同處外，最要緊的是融會之餘，能形構個人的看法。他指陳：

> 「禮」也者，定之自天，賦於人性，而流行布濩於倫常事物之間，其取數至多，其為器大備，使非有人焉起而兼綜條貫之，以萃百代之典章，垂黔首之大法，則禮教衰微何由挽三代下之人心風俗，而使之復古也。《禮記》一書七十子共述見聞，漢儒又會輯成篇，事不嫌瑣碎，詞不厭繁冗，禮意旁皇周浹遂為天壤間必不可少之書。
>
> 〔註194〕

依吳子光對「禮」的解釋，「禮」的內涵根源自天，而下賦於人性，進而在倫常事物之間呈顯禮則。這個「天」—「性」—「禮」的概念，使用承上啟下、層層轉進的敘說模式，彷彿是《中庸》「天命之謂性，率往之謂道，修道之謂教。道也者，不可須臾離也，可離非道也。」〔註195〕的翻版。易言之，倫常之禮的實踐實即天理的體現。是故，「禮」或禮教的作用之一是為正人心風俗，此即藉由外在的形制規範來確立人與人間的社會角色，及人倫關係的差等別異；之二是為百代典章，如《左傳・隱公十一年》所載：「君子謂鄭莊公於是

〔註193〕〈卻老之難〉，王國璠執行編輯：《吳子光全書（下）・一肚皮集》，卷1，頁18～19。

〔註194〕〈讀《禮記》說〉，王國璠執行編輯：《吳子光全書（下）・一肚皮集》，卷8，頁491。

〔註195〕〔宋〕朱熹：《四書章句集注・中庸》，第1章，頁17。

乎有禮。禮，經國家，定社稷，序民人，利後嗣者。許，無刑而伐之，服而舍之，度德而處之，量力而行之，相時而動，無累後人，可謂知禮矣。」〔註196〕，是為「禮」之大用。再者，《禮記》經由漢儒的會輯成篇，在禮制思想建構上已相當普遍深入，因「兩漢經生期待透過禮制的建立，使人類倫常關係的表現，能有客觀體制的引導。他們致力於建構婚禮、喪禮等禮制，以一方面使父子有親、夫婦有別的人倫關係，能在這些禮教的規範中，得到真實而正確的表現；另一方面，他們試圖透過個人對於禮制的遵循，以使個人所認同或想確立的社會角色，能在儀式性的行動表達中，取得共同體的公開承認。」〔註197〕，又〈典禮序〉也云：

> 昔先王本天秩以制經、緣人性而作則，曲臺有記，宗伯名官，尚已。儀存綿蕝，叔孫多救弊深心；⋯⋯祀戎者，國之大事；經曲者，政之楷模。所謂文物以紀之、聲明以發之，百官於是乎戒懼而不敢易紀律者，誠莫善於禮矣。志典禮。〔註198〕

所謂「本天秩以制經」如同上文「『禮』也者，定之自天。」之意，仍以上天為制禮的根源，天規定了國家社會的品秩等級；「緣人性而作則」則彰揚禮法之設必須忖度人性的真實以相應，此觀點實是吳子光「恕道」史論的另一形貌的展現。接著吳子光舉漢代曲臺著記校書，或掌管禮儀祭祀等事機構的設置，皆表示對禮制規章的尊崇重視，尤其是身懷救弊深心的叔孫通，以其高瞻遠矚之識，為漢高祖創立朝儀典章，國之丕基終始得立。因為有禮法典則的公開宣示說明，文物得以綜理有序，百官依禮為言行遵循的軌轍，人文教化之功實在沒有其它事物比禮法典儀更好的了。此外，值得關注的是，若把「祀戎者，國之大事」；「經曲者，政之楷模」；「百官於是乎戒懼而不敢易紀律者」三者究其意涵觀之，「對照於道德發展的序階理論，何炳棣在〈原禮〉一文中提出：禮係經歷了從宗教／倫理、文物／制度到思想／觀念等三個階段的發展過程，這其實已經顯示出，何炳棣意識到禮的發展做為與個人道德發展相平行的文化進化過程，正是經歷了前習俗層次（宗教祭禮）、習俗層次（周朝禮制）與後習俗層次（儒家禮論）而

〔註196〕楊伯峻：《春秋左傳注》（高雄：復文圖書出版社，1991年9月），頁76。
〔註197〕林遠澤：《儒家後習俗責任倫理學的理念・導論》，頁22。
〔註198〕〈典禮序〉，王國璠執行編輯：《吳子光全書（下）・一肚皮集》，卷18，頁1154。

逐步形成的。」〔註199〕

　　相對於天道而言，「禮」是人道內涵的具體呈現，他注重形下經驗世界人倫的實踐，故說「按天道遠，人道邇，傳記言之。未識人倫焉知天道，史冊載之，意與鄙論相發明云。」〔註200〕，這顯然是遠紹《論語》「夫子之文章，可得而聞也；夫子之言性與天道，不可得而聞也。」〔註201〕；「季路問事鬼神。子曰：『未能事人，焉能事鬼？』敢問死。曰：『未知生，焉知死？』」〔註202〕之精蘊。是故，「禮者何？天理與人情合而禮行焉。」〔註203〕，這意謂禮儀法度是依天理、順人情而制定的，家庭是人道的起點，即人倫從家庭的生活起居展開。誠如前述，吳子光「恕道史論」三層次中的「論情」、「論理」向度，實與「天理與人情合而禮行焉。」的意蘊相一致，即人倫實踐可透過禮的引導進行，讓人的七情得到適當的安頓。而從本真性的責任倫理看，《論語》中有兩則記載值得玩味，其一是「有子曰：『其為人也孝弟，而好犯上者，鮮矣；不好犯上，而好作亂者，未之有也。君子務本，本立而道生。孝弟也者，其為仁之本與！』」〔註204〕；其二是「林放問禮之本。子曰：『大哉問！禮，與其奢也，寧儉。喪，與其易也，寧戚。』」〔註205〕。第一則的焦點是在談什麼是仁的根本？有子認為在孝敬父母和友愛兄弟的上下、平行關係中，若都能應對進退得宜的人，發生喜好犯上情事的是很少見的；不好犯上，卻好興風作亂的，也是不會有的。依此而言，孝敬父母和友愛兄弟或許就是踐仁的根本，原因是能孝弟於家者，那麼亦將能推此愛而及於事事物物，是一種由內而外，個人、群體、社會再到世界的層層推進。第二則是林放向孔子請教什麼是「禮」的根本？孔子從「行禮」、「治喪」二事的「儉」與「戚」溯源以求「禮」之本，竊意此則須與「孟懿子問孝。子曰：『無違』。樊遲御，子告之曰：『孟孫問孝於我，我對曰：『無違』。樊遲曰：『何謂也？』，子曰：『生，事之以禮，死，葬之以禮，祭之以禮。』」〔註206〕合看，義自顯豁。「儉」與「戚」均是從情

〔註199〕林遠澤：《儒家後習俗責任倫理學的理念》，頁274。

〔註200〕〈天道福善禍淫後說〉，王國璠執行編輯：《吳子光全書（下）‧一肚皮集》，卷8，頁490。

〔註201〕〔宋〕朱熹：《四書章句集注‧論語》，卷3，公冶長第5，頁79。

〔註202〕〔宋〕朱熹：《四書章句集注‧論語》，卷6，先進第11，頁125。

〔註203〕〔清〕吳子光：《經餘雜錄》，卷10，「論辨類」，頁105。

〔註204〕〔宋〕朱熹：《四書章句集注‧論語》，卷1，學而第1，頁47～48。

〔註205〕〔宋〕朱熹：《四書章句集注‧論語》，卷2，八佾第3，頁62。

〔註206〕〔宋〕朱熹：《四書章句集注‧論語》，卷1，為政第2，頁55。

感本質是否誠真著眼，因「禮」之設本是依天理、順人情，「奢」和「易」已過於繁文縟節，失卻了常情應有的「敬」及「哀」。同樣的，孔子回答孟懿子問孝以「無違」二字，指的是事親若要不背於理就須依禮而行，生、死之事就在為所當為的儀節中完成，安頓各自的心。是故，忠、孝此種根源性的情感所付之行動時所呈現的道德意志，實已彰顯「天理」於禮行中。要言之，忠孝之行發之於人情而順乎天理，或可收攝在恕道的情理論之中，亦可謂之近仁之方〔註 207〕。

　　然而，忠、孝雖發之於人情，但如何能持續不間斷，並在人倫關係的實踐中推擴而出，使之時時契合仁道，「克己復禮」〔註 208〕實為一大關鍵。就儒家後習俗責任倫理學「正義與關懷」的理念言，「孔子對於『克己復禮為仁』的定義，理解成『仁』這種實踐主體，即是在道德發展的習俗層次、後習俗形式主義層次、後習俗脈絡主義層次中，分別以『孝弟』、『忠恕』與『中和』等不同形式，表現出它可以同時做為根源性倫理、可普遍化判斷與社會團結的實踐動力根源。……儒家係以人倫差等的關懷、平天下的世界主義與團結和諧的社會整合，做為其政治哲學的核心理念。」〔註 209〕，因此「克己復禮為仁」是一內外雙修的互通渠道，「克己」是為了建立主體內在道德的自動操存，並透過「禮制」的指引達到協調身心的目的，最後使一切視、聽、言、動的作為皆是禮的呈現，亦是「禮」意識深植的具體實踐，進而把個人─群體─社會間的關係緊密連結，在層層遞進中和諧整合在一起，達到「禮治」的狀態。〔註 210〕

二、士為社會的良心

　　承上所述，恕道是「近仁之方」，所以為仁是在真切的生活世界落實的，

〔註 207〕如子貢之問仁：「如有博施於民而能濟眾，何如？可謂仁乎？」子曰：「何事於仁，必也聖乎！堯舜其猶病諸！夫仁，己欲立而立人，己欲達而達人，能近取譬，可謂仁之方也已。」〔宋〕朱熹：《四書章句集注‧論語》，卷 3，雍也第 6，頁 91～92。

〔註 208〕孔子言「『克己復禮為仁。一日克己復禮，天下歸仁焉。為仁由己，而由人乎哉？』顏淵曰：『請問其目。』子曰：『非禮勿視，非禮勿聽，非禮勿言，非禮勿動。』顏淵曰：『回雖不敏，請事斯語矣。』」〔宋〕朱熹：《四書章句集注‧論語》，卷 6，顏淵第 12，頁 131～132。

〔註 209〕林遠澤：《儒家後習俗責任倫理學的理念‧導論》，頁 24。

〔註 210〕林遠澤：《儒家後習俗責任倫理學的理念》，頁 275。

是在經驗日常事物中有所體知，而不在沖漠無朕之中，是故吳子光以孔子陷於「匡人之圍」〔註211〕、困於「桓魋之要」〔註212〕之事為例，說明「天道遠矣！……嘗考孔子一生未敢輕易言天，……天理即在人事中爾」〔註213〕，孔子之呼天只是為了稍解羣弟子之憂的強辭罷了。周遊列國的孔子是為求實現理想政治藍圖的機會，而吳子光於其著作中也屢言欲以「文章報國」的心志，如「乃半世讀書，欲少伸其文章報國之志而不可得。」〔註214〕；「思報國恩，獨惟文章」〔註215〕；「只文字舊業，壯心千里，……文章報國徒託空言。」〔註216〕；「所謂思報國恩，獨惟文章」〔註217〕；「光粵嶠儒生，躬逢郅治。文章報國，已慚具體而微。」〔註218〕等，無不展現他盼為世用之志。然而，「文章報國」之意為何，筆者揣想有三層意涵：一是就科舉言，藉由舉業功名以施展抱負。二是立言不朽，成一風骨以立一家之言。三是議政論史，涉入公共事務或評議社會事件或現象的同時，提供解決事端的策略給執事參考，抑

〔註211〕孔子師徒在前往陳國途中路過鄭國的匡邑，但匡邑人因孔子相貌與當年隨魯定公伐鄭的陽虎相像，誤以為陽虎又率軍來犯，遂將孔子一行人團團包圍起來數日，直到確認是誤會一場才放行。如《史記‧孔子世家》載：「將適陳，過匡，顏刻為僕，以其策指之曰：『昔吾入此，由彼缺也。』匡人聞之，以為魯之陽虎。陽虎嘗暴匡人，匡人於是遂止孔子。孔子狀類陽虎，拘焉五日，顏淵後，子曰：『吾以汝為死矣。』顏淵曰：『子在，回何敢死！』匡人拘孔子益急，弟子懼。孔子曰：『文王既沒，文不在茲乎？天之將喪斯文也，後死者不得與于斯文也。天之未喪斯文也，匡人其如予何！』孔子使從者為甯武子臣於衛，然後得去。」〈孔子世家第十七〉，〔漢〕司馬遷著；楊家駱主編：《新校本史記三家注附編二種》（台北：鼎文書局，1993年10月），卷47，頁1919。

〔註212〕此事《史記‧孔子世家》亦載之甚詳：「孔子去曹適宋，與弟子習禮大樹下。宋司馬桓魋欲殺孔子，拔其樹。孔子去。弟子曰：『可以速矣。』孔子曰：『天生德於予，桓魋其如予何！』」〈孔子世家第十七〉，〔漢〕司馬遷著；楊家駱主編：《新校本史記三家注附編二種》，卷47，頁1921。

〔註213〕〈天道福善禍淫前說〉，王國璠執行編輯：《吳子光全書（下）‧一肚皮集》，卷8，頁487～488。

〔註214〕〈芸閣山人別傳〉，王國璠執行編輯：《吳子光全書（下）‧一肚皮集》，卷7，頁337。

〔註215〕〈答客問〉，王國璠執行編輯：《吳子光全書（下）‧一肚皮集》，卷2，頁97。

〔註216〕〈寄宋薦郊明府書〉，王國璠執行編輯：《吳子光全書（下）‧一肚皮集》，卷3，頁156。

〔註217〕〈臺事紀略〉，王國璠執行編輯：《吳子光全書（下）‧一肚皮集》，卷16，頁1086。

〔註218〕〈呈諸當事書〉，王國璠執行編輯：《吳子光全書（下）‧一肚皮集》，卷3，頁118。

或是考論史實以鑑往知來。檢視此三層意涵，惟有第一項「未至燕臺詞館」
與人一較長短留有遺憾外，其餘二項，吳子光都盡得儒者本色，稱譽於儒林、
文苑。〔註219〕雖然他一生坎坷潦倒，卻依然堅定恪遵儒者之責，成為社會良
心實踐的覺醒力量。而所謂「社會良心是指社會上的人都有社會感，都能遵
守社會規範，也都有承擔社會責任之心。這種可貴的心理情操在小團體、小
部落、古代的社會比較可行，在近代複雜的社會逐漸流失少見，然而社會良
心確是維繫社會安全穩定所不可或缺的要素。」〔註220〕，因有未死的社會良
心，故嘗言：「若夫落拓書生，即一身一家未知安插何所，乃敢昂首伸眉議論
天下事得失，亦不自量之甚矣。然好善惡惡，人性皆同。手利劍以靖妖魔，欲
吐者熱血；借清議以維風化，未死者良心。」〔註221〕，其〈與當事書·附吏
治九條〉〔註222〕，正足以充分展現一個持守有節的儒者之襟懷。此文從公共
知識分子的責任出發，針砭臺灣社會存在的不良風氣。例如，於「禁需索以
安善良」條，用鮮明具體的形象譬喻那些貪得無饜，做盡索賄乘「駟馬高車」
的貪官，及作威立勢恐嚇人民的污吏那種狐假虎威的態勢：

> 然諸多僭妄，獨胥役之僭妄為尤甚。其假虎威以出也，駟馬高車，
> 儼然馬長卿乘傳諭蜀風概。更糾合游手無賴輩，若而人擾攘一室，
> 索酒肉、索牀榻，甚且索洋烟、索金銀以十數、以百數，更有索至

〔註219〕 吳子光即便一生不遂，但仍能保有其耿耿不阿之志，不隨波逐流而迷失自我，
正如其所自勵之言：「千古才人多坎坷潦倒，不能使其身一日安於朝廷之上
者，正坐不媚耳。……天之忌富貴也，不如其忌才華，而人之慕賢士也，更
甚於慕將相。文章雖小道，果獨往獨來於數千百載之上下而卓然有以自立，
則其人為藝苑不可少之人，其名即為天壤不得朽之名，儒林、文苑二者必居
一焉，此意願與讀書真種子參之。」〈書茅選《八大家文集》後〉，王國璠執
行編輯：《吳子光全書（上）·經餘雜錄》，「書後題跋類」，卷4，頁210～211。

〔註220〕 蔡宏進：《社會良心論》（臺北：五南圖書出版股份有限公司，2016年8月），
頁24。

〔註221〕 〈與當事書〉，王國璠執行編輯：《吳子光全書（下）·一肚皮集》，卷2，頁
72。

〔註222〕 雖然《吳子光全書（下）·一肚皮集》，卷2「書」的目錄標示〈與當事書〉
附吏治九條，不過經筆者逐一點算吳子光所擬的吏治建言則數實為八條，這
可能是筆誤所致；或有真九條建言，但書寫前後因某些緣故而漏失了。此處
筆者特予說明目錄篇名和內容的差異，在為尊重原著的前提下，仍按原目錄
所標示的篇名書寫於內文中。此八條目分別是「一絕光棍以肅法紀；一禁私
刑以培元氣；一禁株連以甦民困；一廣耳目以防壅蔽；一禁需索以安善良；
一澄侍從以飭關防；一嚴反造以遏訟端；一速聽斷以寬民力。」

數百金，猶未饜足者。小民飲泣吞聲，欲與絞扦，恐投鼠忌器，官
或興問罪之師，一家無噍類矣。此輩人面獸心，幸災樂禍，……又
此輩甚貪、亦甚詰，其索詐也立氣勢、作威福，專擇善良之家而魚
肉之，若惡人則避之惟恐不速焉。〔註223〕

胥吏與差役（掌理案卷、文書的小吏和供差遣的人）這種公門中的最低階辦
事員，假借官府聲威，居然也聯合游手無賴之輩，專門壓榨、魚肉善良之家，
但卻畏避豪強、惡人遠甚，猶如是地痞流氓一類人。這現象顯示公部門法制
已敗壞至極，才讓宵小有機可趁，為非作歹。不僅如此，吳子光在「禁株連以
甦民困」條更觀察到：「臺地五方雜處，父子兄弟異居者無數，更多同姓異宗，
風馬不及。乃近日訟牒，慣以『房戶』二字為一網打盡之謀。……雖漢之沉命
法、明之瓜蔓抄，恐未必有此慘酷也！」〔註224〕，籠統的法科規定，使得「房
戶不論親疏，而論貧富；家無半畝之田，即同居兄弟，漠然不在此數中；囊有
廿金之蓄，則閩、粵、漳、泉，一齊拖入渾水之內。於古語為『羅織』，於諺
語為『牽扯』」，此惡法就像抓提肉粽般，也把無辜的人「牽扯」進來受罪，至
於是否有證據，有違正義公平原則，自然不是那些貪官穢吏所在意的重點，
那些覬覦已久的「財貨」和「田產」等利益，才是他們所關切的，如此敝敗的
官箴，吳子光評為「此臺中第一惡習」。

此外，面對僵固無法回應現實生活變化的行政措施，吳子光也提出因地
制宜，改革不合理制度的呼籲，如在〈屯政序〉條陳明：「今政事中有宜革不
宜興者，如郡縣之教官與臺地之屯兵是已。官以宣教，既無教何必設官？屯
以養兵，既無兵何必留屯？……處處徵糧以給番，過矣。然使兵歸實用，猶
曰補苴罅漏也。今徵糧如故，一經官吏染指、酋長侵漁，致屯有籍而無兵，關
係豈細故哉？平心而論，與其竭庫藏贏餘以保吏胥之橐，毋寧捐數萬租賦以
蘇涸轍之民。」〔註225〕，「徵糧以給番」是因林爽文事件時，原住民曾協助平
亂，而當時為了增加或保持一定的防衛兵力，故向百姓徵糧給原住民以為軍
餉。但如今亂事勘定已久，這些軍糧一經官吏染指，現在完全落入吏胥之橐，

〔註223〕〈與當事書‧附吏治九條〉，王國璠執行編輯：《吳子光全書（下）‧一肚皮
　　　　集》，卷2，頁77～78。

〔註224〕〈與當事書‧附吏治九條〉，王國璠執行編輯：《吳子光全書（下）‧一肚皮
　　　　集》，卷2，頁74～75。

〔註225〕《淡水廳志擬稿‧屯政序》，王國璠執行編輯：《吳子光全書（下）‧一肚皮
　　　　集》，卷18，頁1161。

此應急政策實已失去維持的意義。

又或是在纏足的風俗上，吳子光不同一般文人的「觀物」心態，將女子的身體「物化」並極力吹捧「步步生蓮」的病態美，而是以設身處地之想，同情女子裏小腳的痛苦，慨嘆「中國婦女多喜裹足，蓋作俑於李後主逢場偶戲，浸成國俗。足纖小不及三寸，步履維艱。……今裹足之俗遍天下，好事者喜其狀如竹風搖曳，為孊娜、為娉婷，爭妍取憐，壹似五官百骸皆屬贅物，惟此處乃大關節目所在也，家家遂學凌波步矣。」〔註226〕，林淑慧也關注此風俗現象，進一步評說：「此文先略述中國纏足的起源，與歷代文人筆下對女子纏足的描寫。以往文人對女子小腳『蓮步娉婷』等讚美，對纏足的風氣實有推波助瀾的效果。然吳子光則關懷女子纏足風氣對於女子身體的影響，並透露女子受制於這種集體社會審美心理所形成的風尚的處境。吳子光不似『好事者』的文人，而是對於當時纏足的風俗，造成纏足的過程漫長而苦痛，女子仍難以脫離此習俗桎梏，發出人道關懷的慨歎。」〔註227〕，而人道關懷正是仁心的流露，更是恕道的實踐，〈與當事書〉文末的總結是有感世道人心不軌的諍言，亦是倫紀就在天理人情之中的肺腑之言：

> 三代下民之譎觚多矣，臺地尤甚。差役之貴過於縉紳，總董之權重如州縣，流弊可勝言耶？……直道行乎三代，不能欺一世之人心；賞罰本諸大公，總難動南山之鐵案〔註228〕。一人有罪，自在青天白日之中；三尺刑章，不越天理人情之至。……范希文作秀才日，便以天下為己任……讀〈岳陽樓記〉，尤見飢溺由己襟懷。〔註229〕

「差役能貴過於縉紳，總董之權能重如州縣」，這和遊宦來臺各府、縣、廳主事的時間短暫有關，加上必須仰賴在地基層吏員的協助，方能儘速熟悉地方

〔註226〕 〈臺事紀略〉，王國璠執行編輯：《吳子光全書（下）‧一肚皮集》，卷16，頁1090～1091。

〔註227〕 林淑慧：《台灣清治時期散文的文化軌跡》（台北：台灣學生書局，2007年11月），頁279。

〔註228〕 「南山鐵案」是指絕不可更改的判決或意志，典出《新唐書‧李元紘傳》：「元紘早修謹，仕為雍州司戶參軍。時太平公主勢震天下，百司順望風指，嘗與民競碾磑，元紘還之民。長史竇懷貞大驚，趣改之，元紘大署判後曰：『南山可移，判不可搖也。』」〔宋〕歐陽修，宋祈撰；楊家駱主編：《新校本新唐書附索引》（臺北：鼎文書局，1994年10月），中國學術類編，卷126，列傳第51，頁4419。

〔註229〕 〈與當事書〉，王國璠執行編輯：《吳子光全書（下）‧一肚皮集》，卷2，頁81～83。

風土民情，因此給了胥吏差役上下其手的空間。為了避免惡官鄙吏以公權力迫害人民，吳子光以范仲淹「先天下憂，後天下樂」的飢溺由己襟懷，提出直道行事、賞罰本諸大公和以「天理人情」來斟酌刑案審判的策略，為百姓的福祉大聲疾呼。由此可見，吳子光在性格上耿介不群且有強烈的公共知識分子的使命，舉目所見地方官員小吏藉公門之便，從中魚肉百姓、上下作手，游走法律灰色地帶，謀求個人私利，其在〈答客問〉中便有所披露此崩壞士風，如言：

> 然天生一枝老筆，性又喜著述，聞忠孝節義事則筆之書，非為納交
> 要譽計，亦行乎心之所安者而已。臺地固藏奸藪，鄉俗習悍無匹，
> 士類中有包攬詞訟，武斷鄉曲者，舉目之為人豪，好尚若此，可笑
> 可憐。余乏和嶠錢癖，即甚渴未嘗一飲盜，故在儒林有清名、有廉
> 名、有古文老手名，惟在互鄉以迂拙名。〔註230〕

吳子光在儒林的清名、廉名，適足以反襯士風的墮落。他關心時事發展，也觀察台灣社會風氣的變化，在〈與當事書〉中指陳當時台灣社會存在的各種陋習、弊端，也提出許多對治的方法。這意謂唯有知識分子參與社會公共事務的運作時，其社會良心才會愈發顯朗。蔡宏進認為有社會良心的知識分子，具有五項重要的特性：「（一）、不追求權與利。（二）、不畏懼權勢。（三）、有理想與遠見。（四）、獨立性格。（五）、立千秋萬世之功。」〔註231〕，除了先天資賦外，知識分子的社會良心是需要培養的，其方法有四：「（一）、受人啟發。（二）、立志向學。（三）、樹立堅定的人生哲學與目標」。（四）、努立實踐達成目標。」〔註232〕，不論是蔡宏進所指稱的五項重要特性，或是培養知識分子社會良心的四種方法，吳子光自言其處世態度：「性喜冷不喜熱，喜坦蕩不喜譎觚，喜山林不喜城市，喜霽月光風不喜嚴霜酷日，喜爛漫天真不喜繁禮飾貌。學士一肚皮不合時宜，絕類蘇家風骨，昔朝雲不可多覯爾！」〔註233〕，在性格、志向、理想、立言不朽等方面〔註234〕，正與蔡宏進所定義的具「社

〔註230〕〈答客問〉，王國璠執行編輯：《吳子光全書（下）‧一肚皮集》，頁88～89。

〔註231〕蔡宏進：《社會良心論》，頁33～34。

〔註232〕蔡宏進：《社會良心論》，頁35～36。

〔註233〕〈答客問〉，王國璠執行編輯：《吳子光全書（下）‧一肚皮集》，卷2，頁92～93。

〔註234〕〈入世之難〉也表達類似的人生艱難與堅持，如云：「余隱居貧賤，無富貴之可言，惟不合時宜過於蘇學士遠甚，故以名集。但此事古人多有之，李、

會良心」的知識分子形象相契合。

然而，吳子光心中理想的「士」典型又如何呢？該具備怎樣的基本條件、信念才夠資格稱之為「士」，他舉陶潛為例言：

> 潛固恬淡君子，琴書自樂，獨不仕於晉而仕於宋為可異耳。夫斗米折腰之事俗矣，陶公則化俗為雅，遂作宦場佳話。督郵至縣，頤指氣使，其目中曷嘗見有小吏耶？孰意千載下，人知有小吏，不知有尊官，可見士樹立貴有真耳。〔註235〕

陶潛不為五斗米而向鄉里小兒折腰，改變自己的志節以阿媚於世，最後選擇辭官歸隱，為士人立下「真」心不偽，誠實面對自己內在心音的典範。因此，吳子光認為「士所尚者在方正不在圓通，在大節不在小名。」〔註236〕，心正則不會到處鑽營汲汲，臨禍難自能守節以對，不隨世譽謗譭而動搖心志。又云：

> 上智保天下，中才保一身一家。夫天下之與一身一家有分矣，究之勢不同而理同。此理明，窮則獨善其身，裕經綸于一室之內；達則垂紳正笏不動聲色，而措天下於泰山之安。此其以天下為一家者也，而何有於一身一家。〔註237〕

> 嘻！宇宙生才不數，繫利名之韁鎖，何如守饘粥之家風；盜處士之虛聲，何如為農夫以沒世。名教自有樂地。〔註238〕

不論是上智或中才之士都需束修自好，並以經濟自期、抗懷千古來自勉自勵，方能不被富貴利達所誘，韁鎖在利名之中。雖然上智和中才之士在眼界、心量上態勢別異，但皆源自彰揚恕道精神的道理則是一致的，從愛身保家到安

杜光熻萬丈為百世詩學之宗，愚兒不自度量，謬加謗傷，直如蚍蜉撼大樹爾。韓文公以六經之文為諸儒倡，劉昫《舊唐書》稱其文章紕繆；范希文德位冠時，士夫以不得登其門為恥，獨梅堯臣作《碧雲騢》二卷相詆，……嘻！群賢尚然矣。」王國璠執行編輯：《吳子光全書（下）‧一肚皮集》，卷1，頁11～12。

〔註235〕〈書陶淵明〈歸去來辭〉後〉，王國璠執行編輯：《吳子光全書（上）‧經餘雜錄》，「書後題跋類」，卷2，頁101～102。

〔註236〕〈避諱說中篇〉，王國璠執行編輯：《吳子光全書（下）‧一肚皮集》，卷9，頁595。

〔註237〕〈既明且哲以保其身說〉，王國璠執行編輯：《吳子光全書（下）‧一肚皮集》，卷8，頁559。

〔註238〕〈既明且哲以保其身說〉，王國璠執行編輯：《吳子光全書（下）‧一肚皮集》，卷8，頁560～561。

天下於太平，此一窮則獨善、裕經綸的自養過程，即是為了達則能安天下如泰山之如如不動，於人、我、社會、國家、天下層層推擴中，依個人之才力充養的不同，而各有安頓各有貢獻。這樣的胸懷就是孔子所推許的「君子儒」〔註239〕、「士達」〔註240〕之義，不以個人聲名、利益為優先考量，也要辨明義利不以私害公，在真誠無偽中務實行事，以德孚人。換言之，吳子光對於士人境界的建構折衷於孔子之言，知識學問與道德情理之間的相攝相資，亦是歸本於先秦儒家傳統的「恕道」理念。他慨言：

> 從來道有君子小人，德有吉有凶，不相謀也亦無可謀，非讀書真種子不能於此中道理，見之明而信之篤也。有學識焉，有血性焉，國家可使數十年無才智之士，不可一日無氣節之臣，方正學知其然也，故大節炳如，千載下凜凜有生氣，彼俗流安足語此。訑訑之聲音顏色，立氣勢，作威福，兒撫一世豪傑，此為世道人心一大關鍵，而士氣之消長，文風之盛衰，猶其後焉者矣。〔註241〕

吳子光認為「君子儒」和「小人儒」的道德修養層次不同，心思行事的抉擇也各異，兩者是道不同不相為謀。真正維繫國家興衰存亡的並非是才智之士，而是氣節凜凜之臣的有無。因此，儒者若傲慢自信不聽人言，立勢作威不謙卑以待，士氣亦將之消弱，文風則為之衰頹，世道人心之靡壞終難救治。那麼君子立身濁世，如何則可呢？他接著說：

> 今老矣，而意興不少衰，且修身踐行未嘗欺一人、害一人，又誓不為刀筆吏之文與棄好尋釁角立爭勝之文，故一任中山狼日相傾軋，而絕不與校者，意有所不屑也。……大丈夫磊磊落落，作事如青天白日斷不因偶爾雞蟲得失，折腰向鄉里小兒，自貶風骨。〔註242〕

〔註239〕孔子曾告誡子夏說：「女為君子儒，無為小人儒。」，目的要其樹立遠大志向而不昧於理。〔宋〕朱熹：《四書章句集注・論語》，卷3，雍也第6，頁88。

〔註240〕所謂「士達」之義，源於《論語》中一段子張向孔子問：「士何如，斯可謂之達矣？」的對話，那時孔子回答：「『何哉，爾所謂達者？』子張對曰：『在邦必聞，在家必聞。』子曰：『是聞也，非達也。夫達也者，質直而好義，察言而觀色，慮以下人。在邦必達，在家必達。夫聞也者，色取仁而行違，居之不疑。在邦必聞，在家必聞。』」〔宋〕朱熹：《四書章句集注・論語》，卷6，顏淵第12，頁138。

〔註241〕〈寄張子訓（書紳）同年書〉，王國璠執行編輯：《吳子光全書（下）・一肚皮集》，卷3，頁135～136。

〔註242〕〈寄張子訓（書紳）同年書〉，王國璠執行編輯：《吳子光全書（下）・一肚皮集》，卷3，頁139～141。

文中顯見其處世原則，一是誠信不欺；二是不與好尋釁者在蝸牛角上爭勝，行意氣之爭；三是嶔崎磊落，得失不橫於心。此種人生態度放大了生命的格局，在有守有為之中保有彈性空間，不落行事言思極端，如「兩晉當風流，南宋尚理學，一流為放蕩，一失之迂拘，勢已積重難返，余則不夷不惠，可否之間，兩廡中即無吾輩坐位庸何傷？……亦未嘗煦煦孑孑墮入道學腐氣中。」〔註243〕，「不夷不惠，可否之間」〔註244〕的中庸之道，避免掉入兩晉人清談的放縱流蕩，或南宋人講理學的迂闊拘謹。「名流處世祇是不夷不惠可否之間，一切富貴利達于胸中早無罣碍，只文字舊業，壯心千里。」〔註245〕，是故吳子光認為小恩小惠的道學腐氣，或「伯夷之隘，柳下惠之不恭」均偏於一端，非士人取法的榜樣。

　　總言之，身為一個有「社會良心」的知識分子，吳子光以「恕道」做為生命的指引，以「不夷不惠，可否之間」的人生態度處世。余英時先生說「所謂『知識份子』，除了獻身於專業工作以外，同時還必須深切地關懷著國家、社會、以至世界上一切有關公共利害之事，而且這種關懷又必須是超越於個人（包括個人所屬的小團體）的私利之上的。所以有人指出，『知識份子』事實上具有一種宗教承當的精神。」〔註246〕，吳子光終身以「文章報國」為念，並落實在對諸多公共事務興革的參與，此正是拋卻私利，勇於承擔社會責任的精神表現。

　　以「恕道」做為士人應有的核心素養，不僅在古代的社會生活饒富意義，於現代國家的公民社會運作，更有其重要價值。如2016年美國前國務卿、民主黨總統候選人希拉蕊，在其母校耶魯大學的畢業典禮上發表演說，她表示：「我相信療癒國家的是我所謂的『徹底的同理心』（radical empathy），她說，

〔註243〕〈答客問〉，王國璠執行編輯：《吳子光全書（下）‧一肚皮集》，卷2，頁90～91。

〔註244〕「蓋君子謂伯夷隘，柳下惠不恭，故傳曰『不夷不惠，可否之閒』。蓋聖賢居身之所珍也。誠遂欲枕山棲谷，擬跡巢、由，斯則可矣；若當輔政濟民，今其時也。自生民以來，善政少而亂俗多，必待堯舜之君，此為志士終無時矣。」〈左周黃列傳‧黃瓊〉，〔南朝宋〕范曄撰；楊家駱主編：《新校本後漢書并附編十三種》（臺北：鼎文書局，1984年3月），第3冊，卷61，列傳第51，頁2032。

〔註245〕〈寄宋薦郊明府書〉，王國璠執行編輯：《吳子光全書（下）‧一肚皮集》，卷3，頁156。

〔註246〕余英時：〈引言——士在中國文化史上的地位〉，《士與中國文化》（上海：上海人民出版社，2004年12月），頁2。

『是跨越種族、階級與政治對立，嘗試透過與我們迥異之人的眼光看世界，並回到理性論辯的時候了。』」〔註247〕，所謂「徹底的同理心」即是對「恕道」精神的高度肯認，也可說是吳子光學術思想的現代意義。

〔註247〕魏國金編譯：〈別怕被擊倒・希拉蕊勉耶魯人堅韌〉，《自由時報》第 A4 版（2018 年 6 月 2 日）。

第六章　結　論

　　吳子光是晚清時期影響臺灣中部儒學發展甚鉅的重要儒者。本論文旨在研究其在臺灣學術史上饒具意義的恕道史論、文學觀，以及身為一位公共型知識分子直秉社會良心的諍言行事和獻身儒教事業的用世之心，並為其在學界所遭致的一些誤解予以澄清。目前學界對吳子光學術的研究已累積不少成果，主要從經學、文學、文化、社會等不同視角切入，但多數論者對於吳子光自言「一生以經史為性命」、「古有史無經」、「余生平以文章視性命，不以存歿視性命。」的學術關懷卻未見著墨。易言之，文史課題是其學術的核心價值所在，而史學更是通貫其經世之學、經史之學和辭章之學的學思主軸，是以「出文入史」、「文表史裡」方是吳子光的學術本色。以下茲從移民史、社會史、學術史、文學觀等四個層面，為本論文做一概要性總結。

一、就移民史言

　　16 世紀後（明代），由於中國人口已突破一億，隨之而來的是開墾更多的居住土地，糧食需求也變大，耕地面積更顯不足。於此人口壓力下，田少山地多的沿海省份廣東、福建，就成為向海外移民的主要地區，基於地緣關係，南洋和臺灣是大批移民移入的區域。臺灣納入清朝版圖之前，南洋是漢人主要的移民地，之後因距離、文化、安全等因素，臺灣就變成海外移民的首選。〔註1〕然而，從宏觀的視野看，現今客家人大本營的所在區域——廣東，也是客家先民歷次遷徙運動後的土著化結果。因客家人移居廣東東部、北部，早

〔註1〕石文誠等著：《簡明臺灣圖史》（臺北：如果出版社，2012 年 12 月），頁 44～45。

在五代之以前，但為數不多，直到明朝中期，始稍減緩。〔註2〕因此，吳子光移民到臺灣來，也可說是在客家遷徙運動中形成的歷史因素所促成，此種歷史力量肇因於中國境內經濟、政治、社會、文化和外力等諸多面向的質變發生。羅香林先生提出客家先民五次遷移運動說。〔註3〕其中來臺客家先民自第四期（清代雍正時期）開始，逐漸遷徙散入臺灣彰化、諸羅、鳳山諸縣。〔註4〕而吳子光於道光22年（1842）遷居臺灣，正好是自康熙中期，至乾嘉之際（1700～1800），客家遷徙運動第四時期的尾聲。

動亂、戰爭可以說是造成客家先民遷徙的一大動力。如東晉永嘉之亂、唐代「黃巢之亂」、北宋靖康之禍、蒙古人南侵滅南宋等；經濟、土地、食糧、人口等因素則為影響客家先民遷徙的另一大動力，如康熙、乾嘉時期客家先民遷徙到廣東、廣西、海南、臺灣等。吳子光年輕時曾三次入臺，分別是道光17年（1837）、道光19年（1839）和道光22年（1842），直到道光22年（1842），為稻粱謀計才真正離開廣東嘉應州白渡堡神崗社原鄉遷居臺灣，而道光19到22年（1839～1842）剛好是中英鴉片戰爭爆發期間，是以吳子光移民臺灣之際，正好遭逢「動亂、戰爭」和「經濟、土地、食糧、人口」這推動客家先民遷徙的兩大動力的內外交迫形勢中。處於如此艱難的歷史背景下，吳子光隨父、弟挾著「貧病交攻，逋負山積」之慘境而入臺，展開他「苦守蘆中人本色」〔註5〕，卻又積極用世和以「文章」遺澤臺灣的新人生。

二、以社會史看

大體而言，以移民為主的社會，通常會有男女比例失衡、家庭結構不穩定、原住民和漢人的文化衝突、結黨重利性格等複雜問題。〔註6〕吳子光身處

〔註2〕羅香林：《客家研究導論》（臺北：南天書局，1992年7月），頁57。

〔註3〕據羅香林的研究，客家先民在西晉永嘉之亂後，許多中原漢族為逃難而往南遷移，遠者已到達贛省中部，故從東晉至隋唐，是客家先民由北向南遷徙的第一時期。時至唐代「黃巢之亂」發生則促成客家先民第二次遷移，其遠者已至循、惠、韶等地。又北宋靖康之禍、蒙古人南侵滅南宋等外患不斷，客家先民不得不進行第三次遷移。之後自康熙中期，至乾嘉之際（1700～1800）可說是客家遷徙運動的第四時期。而從同治6年（1867）以至現在，則是客家遷移運動的第五時期。詳見羅香林：《客家研究導論》，頁45～63。

〔註4〕羅香林：《客家研究導論》，頁61。

〔註5〕〈芸閣山人別傳〉，王國璠執行編輯：《吳子光全書（下）‧一肚皮集》，卷7，頁327。

〔註6〕石文誠等著：《簡明臺灣圖史》，頁45。

移民潮未艾的臺灣，於社會生活時自然無法迴避這些複雜問題。

　　從布爾迪厄反思社會學的觀點看，吳子光和臺中神崗望族呂世芳三代的交往具有典型的社會發展史意義。呂氏家族原從事農墾事務，但自呂世芳善居積後致富，便逐漸成為地方的豪強家族，躍升為社會領導階層。一般而言，「清代臺灣社會領導家族維持地位的方法主要有二：一為積極從事經濟活動，不斷增闢財源，鞏固經濟基礎；二為注重子弟教育，設法使其取得科舉功名，來維持或擴大家族的權力與聲望。……呂家維持地位的方法都是以第二種為主。」〔註7〕，而這兩種方法所產生的效果，即是「象徵資本」〔註8〕累積過程的展顯。原因是呂光明、呂世芳父子透過「中和季」（祀奉開漳聖王的神明會組織）經營權的取得，逐步確立家族在葫蘆墩地區的地位。而從呂家發展的過程來看，他們在地方文教事業的推動上扮演了積極的角色。道光16年，呂世芳邀集地方文士共同籌組一個新的神明會組織「文英社」（祀奉文昌帝君），目的是為培養科舉人才，經過「文英社」多年的耕耘，確實對葫蘆墩地區文教風氣的提昇貢獻卓著。〔註9〕

　　再就文化資本觀點言，光緒4年（1878），呂氏「筱雲山莊」延聘吳子光擔任西席以教育子弟，為呂氏家族累積通過科舉的文教能力。再加上「筱雲軒」豐富的藏書，同時間也吸引丘逢甲、傅于天、謝道隆等文人經常往來「筱雲山莊」，無形中呂家也得以建立與其它士紳交流的社會關係網絡，並進一步擴大在地方事務上的影響力。若按社會資本看，呂家是以參與神明會組織運作的方式拓展社會網絡，如以「中和季」和葫蘆墩地區的漳州人維持友好關係，而「文英社」則成為中部地區文人互動的重要場所。因此，呂氏家族可說是透過經濟資本以厚實文化資本，再藉文化資本獲得更多社會資本及公共事務參與機會，發揮其權力的顯例。〔註10〕而吳子光對於呂家向上翻升為文教型家族的同時，他扮演著極重要的角色——區域科舉社群的靈魂人物，尤其

〔註7〕陳珮羚：《清代臺灣中部「筱雲山莊」呂家的發展》（台中：東海大學歷史學系碩士論文，2002年），頁68。

〔註8〕「各種類型的資本轉化為象徵資本的過程，就是各種資本在象徵化實踐中被賦以象徵結構的過程，就是以更曲折和更精緻的形式掩飾地進行資本『正當化』和權力分配的過程，也是各種資本匯集到社會精英和統治階級手中的過程，同時又是各類資本在社會各場域周轉之後實現資本再分配的過程。」高宣揚：《布爾迪厄 Pierre Bourdieu》，頁252～253。

〔註9〕分見陳珮羚：《清代臺灣中部「筱雲山莊」呂家的發展》，頁82～83、128。

〔註10〕陳珮羚：《清代臺灣中部「筱雲山莊」呂家的發展》，頁151～152。

坐館筱雲山莊時期，呂氏兄弟、傅于天、丘逢甲、謝頌臣及吳師廉（吳子光姪子）等才俊均師事之，形成了以吳子光為核心的科舉社群，並影響中部地區的文教風尚。

吳子光因舉人身份之助得以和地方仕紳、豪強、名公鉅卿打交道，並藉此功名而能廣泛參與公共事務的興革討論及政策建議。事實上，吳子光強烈的「文章報國」之志就反應在社會關懷諸事務中，如〈與當事書〉、〈呈諸當事書〉、〈覆家喬軒軍門書〉，或是《臺事紀略》中的記聞，抑或是《淡水廳志擬稿序》裡對典章制度的珍存建置、民情風俗的移易、如何治番待番和對抗西方勢力入侵等問題，都提出許多的策略。雖說他在治番待番的措施言述中能同情原住民的困境，但終究仍難除漢人本位立場之魅。而在日本、西方勢力侵逼的議題上，提出富國強兵和鞏固內外之防的觀點，如英國人善於水戰，若能強化臺灣沿海駐軍，驅英夷於陸地一戰，那麼勝負之勢就在未定之天。吳子光對此邊境戰爭的形勢分析，其實是優劣互見，亦可從中看出吳子光的大陸思維勝於海洋思維，即穩固的陸權大於海權的探險新創，在海權這方面的知見無法突破，確實是他海防思想較可惜的部分。

另外，本文第五章所提到吳子光族人所遭致的土地、水力開發的官司案件，若非吳子光出面協調，在那個社會上下階層流動率甚低的時代，吳氏族人所面臨的官府提告官司恐難善了。因土地、水力的開發背後代表的即為龐大利益的所在，畢竟入臺移民中不乏具有靈活商業頭腦的投資型商人、仕紳（官員、鄉紳），他們對移民來臺不只是為求溫飽安居而已，而是看到獲得更大利益、報酬的機會，他們投入資金，向政府申請土地開墾證號，再將土地丈量分割，招徠佃戶分租來開墾成田，約定以實物為收租方式或租佃權，「墾首」從中也分得極高利潤。〔註11〕這可說是當時臺灣社會開發過程中的普遍現象。

雖然，吳子光因經濟因素而移民，但入臺後打拚多年，卻仍然無法減除「經濟」的重擔，而在這攻苦食淡的奔波生活中，唯一令他感到欣慰的是學問視界的提高，並藉深厚的文才積得文化資本，再憑著既有的文化資本量（科舉社群、舉人功名、才識學養），擴大他在臺灣中北部的社會關係網絡，並在既有的文化場域，把握住已有的社會資源進行各資本的重新分配，進而轉化為象徵資本，此是其在「儒林有清名、有廉名、有古文老手

〔註11〕石文誠等著：《簡明臺灣圖史》（臺北：如果出版社，2012年12月），頁44。

名」〔註12〕的根由。

誠如尹章義先生所言,「臺灣—福建—京師」這條臺灣士子的科舉之路,不論是中央朝廷的拔才(或者疏通「遺才」的拔貢、歲貢、副榜和大挑舉人制度)〔註13〕,或是藉由政治措施、文化政策對臺灣的治理,均對後來臺灣的社會文化開發產生莫大的影響,原因是「科舉制度同時具備了政治、社會、文化甚至經濟條件」〔註14〕等諸種有利迅速開發臺灣的力量。易言之,科舉制度所形成使中央和邊陲的關係得到強化連結。不容諱言,吳子光亦因進入科舉功名階層之故,而得以和其它地區的領導精英交流,並做出有益社會的貢獻,這也是吳子光在臺灣社會發展史中饒富意義的地方。

三、依學術史估量

楊晉龍指出清代乾嘉學術的內涵常被誤解為「純考據」,事實上,這是忽略了社會文化的發展才是儒家關懷的核心,亦是儒學的本色所在。如乾嘉時期對禮學的重視,是相應於當時的社會較為穩定,而提出社會實際禮儀的闕漏和執行的問題。又如凌廷堪標舉的「以禮代理」,顯示了禮學思想研究和社會脈動、學術轉變的相連性。〔註15〕同樣地,若認為吳子光「為文駁雜,反不若考據佳」,這其實也是一種表象上的誤解。因治考據學必須具備跨領域的知識背景支持才能有所成,所以吳子光以為考據學難用言語盡述,並非宏學博識之難而是難在「確當」。即在他的理想中,考據學所注重的是名物制度、典實人物等在引證時,如何產生確當明晰的意義關連,以及如何運用史學

〔註12〕〈答客問〉,王國璠執行編輯:《吳子光全書(下)·一肚皮集》(台北:中華民國臺灣史蹟中心印行,1979年6月),卷2,頁88~89。

〔註13〕為避免科考的「遺珠之漏」,所以設有補漏的措施如「凡遇覃恩,則以是年當貢者為恩貢,以其次一人為歲貢。順治初,詔選府、縣學生之尤者赴廷試,十二年一行,是曰拔貢。雍正初,定為六年一行,府學二人,縣學一人,無其人則缺。乾隆八年,遂定十二年一行,著為例。鄉試之時,諸生赴試;其文優而限於額者,取為副榜。臺灣定額皆正榜,雋者不備,或以副榜足之,謂之副貢。鄉試之後,學政就通省所舉優行生,考取數名,謂之優貢。五者皆為選士。又有納捐者為例貢。」〔日〕連橫著,臺灣銀行經濟研究室編輯:《臺灣通史·教育志》,臺灣文獻叢刊第128種,卷11,頁270~271。

〔註14〕尹章義:《臺灣開發史研究》(臺北:聯經出版事業股份有限公司,1995年8月),頁581。

〔註15〕楊晉龍:〈揚州學術導言〉,《中國文哲研究通訊》第15卷第1期(2005年3月),頁115。

「才、學、識」之法為決斷的根本。此處可見其考據學理念彰顯了主體自由
意識，不是為考據而考據，一頭栽進故紙堆而對現實世界的變化渾然無所感。
正因意識到考據學是史學「才、學、識」決斷能力展現的學門，故而吳子光的
文章常用化用典故來增加說服力，所謂的「為文駁雜」便是指這種典故交叉
運用時，所造成的閱讀不順暢感。是以，考據學不是吳子光的核心學術關懷，
經史之學才是他一生的性命所寄，且從經世之學、經史之學和辭章之學的學
思次第安排，更可顯見經史之學是為了經世致用，而辭章之學是為了能更敘
理明晰的傳述經史之學。

就臺灣學術史的內涵言，有兩點觀察值得說明。其一是清代臺灣的史學
為因應修方志的需求而發展興盛〔註16〕，故相對於經學來說算是較發達的，
以受到後人讚譽的《諸羅縣志》來說，「這部《諸羅縣志》留給後人的，最重
要的是書中的義例，修貫簡明，敘事有法，論按有物，而大體上又能取信徵
實。就史德言，修纂人又能發潛德幽光，分明黑白，以助治世的政教，這些對
台灣後世方志的影響，既深且遠，真是功不可沒。」〔註17〕筆者認為吳子光
參與《淡水廳志》的纂修也是基於「治世」的目的。

其二是「恕道史論」的特殊性。筆者相信吳子光對忠恕之道的理解，除
了自己本身學識的成長、閱歷領會之外，最重要的來源應該和把《四書》視
為一個整體，尤其是將《論語》、《中庸》「恕道」精神打通為一有關，藉此形
成他自己詮釋世界的基本信念。但此理解、詮釋、實踐「恕道」價值的信念，
若再進一步探研，竊以為吳子光不僅是把《四書》視為一個整體而已，更是
直截地將經學、史學、文學合一，以《六經》為義理的奧府，史學是為實證經
世，文學則有明道之功。是以從《六經》到《四書》的思想貫接與溯源，再到
通義理而篤行的思路為檢證，可以肯定吳子光和章學誠《文史通義》的撰作
宗旨，兩者存有內在歷史思維、立基人道的共通性。

此外，在《一肚皮集》、《經餘雜錄》與《三長贅筆》等敘史、讀史、論史

〔註16〕陳捷先認為「宋代以後的方志既是經世之書，有著『輔治』的作用，因而歷
代政府多倡議修纂，地方官員也視為任官期間的工作項目之一，方志遂成為
普遍性的作品。……清代更因擴大了疆土，方志文化也隨之傳佈，……尤其
台灣一地，在有清一代，竟有府縣廳志約四十多種製作，而且內容不差，實
在難能可貴。」陳捷先：《清代臺灣方志研究》（臺北：臺灣學生書局，1996
年8月），頁11。

〔註17〕陳捷先：《清代臺灣方志研究》，頁79。

的作品中，對於時勢遷變、歷史事件、朝代興替、人物情態、社會階層等的認
識、反省和評斷，無不依「恕道」為指引圭臬，其中最特殊的是對宋儒詮解的
「《春秋》責備賢者說」提出異議，吳子光認同《春秋》之微義，但反對宋儒
以來史論的深文苛刻，因刻深的議論使得世間幾無完人。是故，吳子光高舉
「設身處地之想」以論史，以「適情達理」還原歷史人物的真實情貌。此一論
史主張，無獨有偶的亦出現在揚州學派儀徵劉壽曾的言論中，如「賢者之微
眚小過，必委曲保全而不忍輕斥，此聖人忠厚之旨也。宋人說《春秋》，始頌
言責備賢者。後儒或信或疑，迄無定論。……〈中庸〉忠恕之道，即《春秋》
忠厚之道，蓋孔子修《春秋》，夷考當代之事，遇有當責之人，必先反躬自責。
雖不肖者，且不肯責之已甚也，何獨於賢者而責備之乎？……士君子誠如責
己重於責人，無求備於一人，惟求備於一己，庶幾德業日修，可免推己芸人
之誚。」〔註18〕，劉壽曾〔註19〕（1838～1882）與吳子光同時，二人都熟讀
《左傳》，劉壽曾更是對《左傳》舊注、舊疏有精深研究。兩個不曾謀面的人
竟提出幾乎相同的論史主張，除了巧合之外，似乎也顯示學術思想的發展除
了自身內在理路的規律外，和當時社會文化生態的變化已產生緊密連繫，如
同從章學誠「論古必先設身」，吳子光「論古宜恕」，到陳寅恪之「了解之同

〔註18〕〈春秋責備賢說〉，〔清〕劉壽曾著；林子雄點校，楊晉龍校訂：《劉壽曾集》
　　　（臺北：中國文哲研究所籌備處，2001 年 4 月），《傳雅堂文集》，卷 1，頁 33
　　　～34。劉壽曾從《春秋》學義理思想的角度，論《中庸》「忠恕之道」即《春
　　　秋》「忠厚之道」的見解，與吳子光本於「中庸之道」的「恕道」史論思維，
　　　就思路的源頭而言實無二致，這或許是巧合，也可能是時代人心遷變，社會
　　　風氣轉易下，在學術思想上的一種自然映現。而關於劉壽曾的情理論思想探
　　　索部分，可參見張曉芬《天理與人欲之爭：清儒揚州學派「情理論」探微》
　　　一書，在「第伍章、縱向論述──清儒揚州學派情理論的發展（二）」的「第
　　　二節、春秋學情理論者」中有精要析解。詳見張曉芬：《天理與人欲之爭：清
　　　儒揚州學派「情理論」探微》（臺北：秀威資訊科技股份有限公司，2010 年 7
　　　月），頁 367～371。
〔註19〕以學術家族言，劉文淇（1789～1854）、劉毓崧（1818～1867）、劉壽曾（1838
　　　～1882）等延續三代長期投入了《左傳》的研究。劉壽曾分別在同治 3 年
　　　（1864）、光緒 2 年（1876）中副榜貢生，但嗣後漫長的勤謹治學生活，仍未
　　　能助其榮登黃榜，科舉之路比吳子光還坎坷。如依孫瑩瑩的研究指出，「以劉
　　　壽曾祖孫為例，劉文淇、劉毓崧（1818～1867）父子僅為優貢生，……劉壽
　　　曾在同治三年（1864）、光緒二年（1876）兩中副榜貢生，均未能進一步獲得
　　　更高的科舉功名。因此，從劉文淇開始，祖孫三人均需要出外擔任塾師、幕
　　　僚等職位，以備生活之資。」孫瑩瑩：〈劉壽曾交遊及創作考論──以其集外
　　　詩文為中心〉，《書目季刊》第 51 卷第 2 期（2017 年 9 月），頁 101～102。

情」，再到德國近代思想家赫爾德所用之 Einfühlung 一詞。雖說他們所處的時代不同，面臨的挑戰也異，但這種歷史的內在聯繫正是歷史的有趣之處。〔註 20〕

　　史觀的相類或也可證明一個在臺灣獨立做學術研究，且以「不夷不惠，可否之間」的態度深切體驗生活的儒者，已從形下經驗世界的感知走近先秦原始儒家所型塑的倫理情感生活，一個活生生的義理世界，從而契應戴震、凌廷堪、焦循、阮元、劉寶楠、劉壽曾等儒者對人性情理的重視，亦即對天理就在人情倫紀之中此一義理價值的認同。是以，恕道史論的價值在於「以『忠恕絜矩之道』的形式，來做為『己所不欲，勿施於人』的可普遍化判準。仁者愛人的無限推擴要求能做到『己欲立而立人，己欲達而達人』，那麼仁的道德自主性必不限於個人的自我完成，而是必須承擔『修己以安百姓』，『仁民而愛物』之平天下的社會整合責任。」〔註 21〕此即吳子光「文章報國」的深意。

　　再就儒學文獻言，雖然吳子光沒有專門系統性的著作，其學思多潛藏在散篇式的書札裡，但著作的質和量卻不容小覷，實已為清代臺灣儒學文獻留下豐富遺產。陳運棟以為吳子光〈芸閣山人別傳〉傳末：「余戲為生挽云：生前無片善足稱，撫心頭殊多慚愧；身後有群編相質，問世上寧少公評。」〔註 22〕之語，顯露了他無法參加會試的遺憾，在文章報國之志難伸的情況下，只能以「身後群編」示諸後人，「所以有清一代山城文人儒士，留有著作最多的，就非他莫屬了。稱他為『文獻初祖』，誰曰不宜？」〔註 23〕又呂汝玉亦以「一枝史筆賦閒居」、「傳經學術信非虛」、「儒林文苑兩相譽」〔註 24〕詩句稱揚其師在經學、史學、文學的貢獻，洵為吳子光之知音。

〔註 20〕陳懷宇：〈陳寅恪與赫爾德──以了解之同情為中心〉，收入氏著《在西方發現陳寅恪──中國近代人文學的東方學與西學背景》（香港：三聯書店，2015年 5 月），頁 286。

〔註 21〕林遠澤：《儒家後習俗責任倫理學的理念》，頁 292。

〔註 22〕王國璠執行編輯：《吳子光全書（下）‧一肚皮集》，卷 7，頁 342。

〔註 23〕陳運棟：〈山城文獻初祖－芸閣山人吳子光舉人〉，《苗栗文獻》1 卷 15 期（2001年 3 月），頁 82。

〔註 24〕呂汝玉〈和心泉上芸閣夫子原韻〉：「一枝史筆賦閒居，曾著人間未見書。壽世文章原不泯，傳經學術信非虛。金科玉律真師範，化雨春風入我廬。他日遺編深護惜，儒林文苑兩相譽。」此詩原收在〔清〕呂汝修、呂汝玉、呂錫圭等：《海東三鳳集》，（出版地不詳：臺灣史蹟研究中心，1981 年）。

四、以文學觀勾稽

　　吳子光的文學觀，是欲將史學會通到文學，這從他欽奉司馬遷為史學、文學宗師的言談中可見得。再者，他在古文的創作上盛譽韓愈是一代文宗，也是太史公後的第一人，而用功深研古文之學是要傳唐以來古文之真命脈，因此他對文、道關係有其獨特的理解和詮釋，這可分三方面來考察。第一，是就文學的社會文化作用言，是文以載道、文以明道；第二，是就文學創作的接受和新變言，是道因文顯；第三、是就學術分判的眼光著意言，先秦時期的「文」、「文學」涵義較寬，概指與文化相關的典籍，《詩》、《書》六藝等皆屬之，而吳子光的「文」則分兩個層次，一是蘊道顯道的「經史之學」，一是較偏向文學性的古文創作。

　　在古文觀這一個議題上，他對散文體類辨別同異的觀察，主要是針對散文的不同表現型態所做的反省，其一、是時文與古文同異問題；其二是反思桐城派文論關於創作戒規的合理性，如「辭賦語、理障語、釋老語」不能入文的戒律。事實上，對於散文的不同表現型態所做的細膩區別和彈性運用，顯示了他堅守原則和兼容並蓄的文學圖景。若論古文創作上的資藉，吳子光以為根器和學力是創作的兩大輔翼。根器就是稟賦，是天授而來非人力能積累而得；學力是就學識、才思涵養的深廣度而言。顯然，吳子光所定義的「吾文章之事」必得有根器與學力相乘相用，才能達到近道及別於形跡之外的境界，此為古文別於時文，在博極群書為用的同時，卻能自覺地不淪為考據一家的地方。至於學力的養成，吳子光特別標舉「講習」和「閱歷」二事，講習是讀書問學之事，閱歷則為日常生活經驗和壯遊覽勝經歷昇華後的識見視野。

　　「成一家之言」是吳子光畢生所追求的境界，不僅在經史學術研究、古文之學上要能自成一家風骨，在心理層次上的志氣、意趣也以司馬遷、韓愈、陶淵明為精神領袖。就文學創作面向看，成一家之言是指獨創觀；就古文學習的面向言，成一家之言是吳子光的風格觀內涵，約可分為兩個層次，第一個層次是就文學上的古文語言、格調效法言；第二個層次是就現實生活的型態、心態追慕言。吳子光在古文學習、創作上顯現了「奇」的文學風格，但就現實生活的型態上，他所追慕的是陶淵明那樣簡樸清淡的生活方式。

　　再就文類的書寫特色言，吳子光的詩、古文、駢文的寫作風格受到今人不少評騭。以一位文人、儒者言，吳子光在文藝上也算多才，如詩、古文、賦、駢文、書法皆其所能，曾自言：「光不肖能詩不能詞，能書不能畫」

〔註25〕，「詩則於西崑宮體，剖析源流，雖學古人，其中仍有我在。勺象後，更博涉古文經史、諸子百家以及稗官小說，遠觀而約取之，故深於古文之學。」〔註26〕但令他惋惜的是中年時，因遊學往返的不慎，把近體詩二百餘首、古律賦一百餘篇遺失了。是故，目前存錄在《小草拾遺》中的詩歌，多是同治4年（1865）秋的酬應之作〔註27〕，也由於不同文類各有書寫的專門知識技巧，要兼善各體並不容易，故他時有「兼才之難」的感嘆。有論者評吳子光的文學作品風格為「純粹為文學作品者，為數並不多，就詩歌作品而言：子光之詩因學晚唐故，不免纖細流麗更餘，而雄豪不足；賦體之作，駢驪華采，美不勝收，卻不免誇飾太過之嫌。較為清奇可喜的反而是他的散文之作，頗能自闢蹊徑，具獨特見解。」〔註28〕由論者所列的詩、賦、駢文、古文諸文類，顯見吳子光文學創作的豐富多樣性，而各文類則有其長短處，這之中以散文獨具「清奇」特色，自成一家。大體而言，這評價算是中肯的，不過「然而純粹為文學作品者，為數並不多。」並不完全正確，如《經餘雜錄》卷9、卷10「論辨類」古文、《小草拾遺》60多首詩作等都是可讀性高的文學作品；或如《一肚皮集》卷6、卷7共29篇記體文，其實都為文學作品，如宋子江的碩論《吳子光《一肚皮集》中的「記」體古文創作論析》，即是從文學分析的立場論述吳子光的「記」體古文。

除了古散文外，另一個值得關注和重新評釋的論題是吳子光的詩、駢文作品，這部份也是本論文日後所要繼續深化及拓展的方向。雖然筆者在吳子光詩歌創作、評點方面已整理出一小部份內容，但因其非本論文議題的論述範疇，故無法將其詩歌創作、評點和特色展現在本文中。但若單從其詩、駢文的表現看，目前也有學人注意到他與呂氏昆仲、吳師廉、謝道隆等門弟所形成的科舉社群，在詩歌創作、內涵、風格等方面的傑出成績，這似乎也從另一個側面展顯了吳子光文學創作的多元性。例如，有論者謂吳子光「留存

〔註25〕王國璠執行編輯：《吳子光全書（下）‧一肚皮集》，卷7，頁472。

〔註26〕〈芸閣山人別傳〉，王國璠執行編輯：《吳子光全書（下）‧一肚皮集》，卷7，頁335。

〔註27〕吳子光《小草拾遺‧序》：「此寥寥者，乙丑秋賦酬應之餘也。初予少而好賦，與揚子雲同癖，存古律賦一百餘篇。厥後中年，絲竹陶寫性情，存近體詩二百餘首，貯行篋中，遊學往返，亡也。忽然為鬱鬱者，久之。……甚矣，兼才之難也。」王國璠執行編輯：《吳子光全書（上）‧小草拾遺》，原書未標頁碼。

〔註28〕施懿琳、許俊雅、楊翠：《臺中文學發展史》，頁49。

的詩歌,多應對酬答之作。情感細膩,用字精巧,可惜格局稍小,氣骨亦嫌不足。至於駢驪之作,則易流於雕文琢句,任性騁才之弊。」〔註29〕就詩歌而言,吳子光雖學習宋初楊億、劉筠、錢惟演等的「西崑體」詩,直溯晚唐李商隱華麗精巧、曲折婉轉、組織典故的詩風,但之中「仍有我在」,並不是專拾雕鏤工夫、用典晦澀而捨卻李詩的精純。因此,許俊雅在評呂汝修詩風時也說「從藝術層面來看,汝修詩作風格亦類其師吳子光,以清麗婉約取勝。……出身優渥家庭的呂汝修,詩作風格竟如此悽苦悲苦,有類境遇坎坷的孟郊、賈島;而筆致之纖麗深細又有若晚唐的李賀。除了師承吳子光風格之故,汝修的天生性格恐怕也是一極重要因素吧!」〔註30〕故而「清麗婉約」之風就不可能同邊塞詩的豪邁雄壯、激昂慷慨之風。再就駢文來說,「易流於雕文琢句,任性騁才之弊。」是平心之論,吳子光門弟呂賡虞也有類似看法:「以文滅質,以博溺心,最是駢體通弊。文獨矯之使警,鍊之使遒,絃外有音,甘餘有味,此事自關根器也。」〔註31〕駢文的特點是刻意追求句構的駢儷,講求聲律音韻、用典和煉字煉意的藻飾,這樣的弊病多是陷在形式結構上的追求,而以廣博知識替代了文學創作應該有的真情實感,能矯枉此流弊的就是古文,在意警風遒之中,寄寓絃外之音,別有餘味。所謂的「警」是指能震懾人心為之一驚而有所悟,「遒」是指剛健強勁而能立文之骨力,呂賡虞的評論正好反映了吳子光的為文精神所在。

從史學會通文學,到文、道關係論,再到古文的創作與境界觀,吳子光的文學觀確有其獨到之處。然而,就臺灣古典文學發展概況言,吳子光是否應該和張湄、姚瑩、徐宗幹和唐景崧等遊宦(文人)同列在流寓文人的行列〔註32〕,是一個值得討論的問題。黃美娥指出「乾隆、嘉慶到同治、光緒時期,是台灣本土文人紛起的重要階段,光緒年間更達高峰,文學創作人口倍增。此時,本土文人漸能致力著述,更有詩文集傳世,顯見文學表現已具一定水準,……中部文人,以彰化陳肇興(1831~1866?)在同治年間刊行的

〔註29〕施懿琳、許俊雅、楊翠:《臺中文學發展史》,頁49。
〔註30〕施懿琳、許俊雅、楊翠:《臺中文學發展史》,頁57。
〔註31〕〈紳士公祭王懋昭贈公文〉,王國璠執行編輯:《吳子光全書(上)·小草拾遺》,原書未標頁碼。
〔註32〕「乾嘉時期以後,由於中國與台灣兩地接觸較前頻繁,來台官員或文人數量更多,其人或任官職、教職,或任幕僚,或從事旅遊,原因背景不同,其所書寫有關台灣的詩文作品,內容旨趣亦異。」黃美娥:《古典臺灣:文學史·詩社·作家論》(臺北:國立編譯館出版,2007年7月),頁37。

《陶村詩稿》為最早；北部文人，以新竹鄭用錫（1788～1858）《北郭園全集》最早付梓，時在同治九年（1870）。」〔註33〕然而，同此時期，吳子光因科舉社群之力，也在中部地區形成一個以他為核心的文人團體，此後更是定居於苗栗銅鑼，成為影響中部文教發展的重要人物。

總言之，了解臺灣在地的問題才能清楚過去發生的二三事，也才得以藉此建構屬於那段時光的歷史記憶。研究吳子光其人其思其學，正是在這個意義上凸顯臺灣學的價值。吳子光的學術思想，不論是文學、經史學或是儒學思想等方面，尚有許多研究課題可深一層拓展。但也有一些研究成果存在若干的誤解需要加以澄清。

首先是文學層面，本文只討論到史學與文學的會通、古文和時文的關係、古文的基本主張及成一家言為境界等議題。但在文學理論方面，吳子光於《經餘雜錄》卷3「書後題跋類」，以〈書劉勰《文心雕龍》後〉長短共47條的篇幅，針對《文心雕龍》重要篇章抒發己見；或卷2「書後題跋類」，以〈書《昭明文選》後〉一篇和散見《一肚皮集》其他論文文章，發表對文學選本的看法。再者是吳子光和嶺南文學的關係，除了早期的「嶺南三大家」（屈大均、陳恭尹和梁佩蘭是明末清初廣東三大詩家）外，在卷4「書後題跋類」，他相當敬重故鄉前賢宋湘，對其人品、學識、詩文創作、事功表現等給予極高的評價。因此，《文心雕龍》和《昭明文選》、嶺南三大家、宋湘等的文學思想，對吳子光的文學觀產生怎樣的影響，或者透過《文心》、《文選》的文學批評眼光，他如何進行文學創作實踐等議題，這都需要另紙專文才能進一步釐清。

次者是經學史學層面，可分二點來看。第一點，吳子光認為「古有史無經」，這與乾嘉學風的關連為何（考據史學）？在其著作中雖未曾提到章學誠，但他以經為史，關切人倫日用，著力修方志的經世理想，實頗類於章學誠「史學所以經世，固非空言著述也。」的學術路數（浙東史學）。第二點，「《春秋》責備賢說」是史學亦是經學更是經世之學的問題。「《春秋》責備賢說」是傳統的史論褒貶原則，但吳子光卻對之頗有微詞，雖說是對宋儒史論嚴苛深文的批評，但「《春秋》責備賢說」的源起為何？卻沒有在一個思想脈絡上有清楚的交待。再者，吳子光同章學誠、劉壽曾都不約而同的提到「恕道」以論學、論人、論世，這顯示了怎樣的訊息意義，是否和社會文化發展、內在學術變化有關連？上述疑問值得加以釐清，有助進一步揭開清代臺灣學術發展的

〔註33〕黃美娥：《古典臺灣：文學史・詩社・作家論》，頁34。

面紗，以見其千姿百態。

　　在澄清吳子光所遭致學界的一些誤解方面，有二點值得商榷，需要進一步說明。一是有論者析評「若韓子性有三品之說，實本宣聖性相近，習相遠，上至下愚不移之意而推闡之，理澈而義完，淺學不能道一字。此外，言性鮮有不墮魔障者」之人性論敘述，認為「吳子光一反常情認為韓非思想係本諸孔子學脈，可能是將儒家天命之『性』與法家習氣之『性』相混淆。……兩者有其根本不同。他抬昇韓非思想的地位，又以之為孔學註腳，無不印證其傾於從形下、外在、他律等處著眼的思考模式。這樣的意識背景，大大影響了吳子光對儒學價值理解的層次，以及對人倫世界、乃至於人生意義體會的深度。」〔註34〕韓非是戰國法家思想集大成者，其人性論思想未曾提過性三品之說。提出「性三品說」的是唐朝韓愈，這從吳子光古文觀的形成脈絡即可得證。是故，就論者批判吳子光無形上思想這一點的誤解，筆者不得不為之辨明澄清。

　　二是葉石濤前輩對吳子光來臺時的身份認定，亦出現不符合實情的地方。如「同治、光緒時代本土作家的詩作水準跟內地已不分軒輊，風格有強烈的鄉土色彩，文名遠播至內地。宦遊人士如王凱泰、楊浚、林豪、吳子光、唐景崧等人都很有名。本土詩人有陳維英、李夢洋、丘逢甲、施士洁等人。」〔註35〕之敘述有值得商討之處。首先，早在道光 22 年時，吳子光已流寓台灣。其二，同治 4 年時，他是以臺灣籍身份考中第 52 名舉人，中式後也未有踏入仕途的機會。因此，以宦遊人士和本土詩人為對比，就移居臺灣的時間點和籍貫、社會身份等現實條件而言，吳子光不可能是自中國本土來的宦遊人士。

　　最後，從豐富「臺灣學」〔註36〕內涵的意義講，吳子光的學術思想，尤其是《一肚皮集》中《臺灣紀事》的眾多篇章，凸顯了與臺灣在地生活的強烈

〔註34〕參黃麗生：〈近代臺灣客家儒紳海洋意識的轉變：從吳子光到丘逢甲〉，《海洋文化學刊》第 2 期（2006 年 12 月），頁 134。
〔註35〕葉石濤：《臺灣文學史綱》（高雄市：春暉出版社，2010 年 10 月），頁 10。
〔註36〕「臺灣學」是指：臺灣住民自古迄今，在臺灣土地上生活中累積的文化特色，而構成一套具有國家主體性的學術研究體系；並成為國內學術發展的基礎，與國際學術研究的對象。」莊萬壽：〈臺灣學緒論〉，黃伯翰等著；葉海煙主編：《臺灣學入門》（台北：五南圖書出版股份有限公司，2011 年 1 月），頁 24。

連結，成為探討清領臺灣中後期的寶貴史料。若就學科結構言〔註37〕，吳子光的史論（歷史學）、文學觀（文學）、《淡水廳志擬稿》（宗教、民族學）等思想義理形態為「臺灣學」的上層建築（人文學科）注入活力。此外，《一肚皮集》中呈現吳子光和當代執事有密切往來的諸多文章，屢對臺灣內政的治理，如政治、司法、經濟、軍事等社會制度提出改革的建言，善盡一位公共知識分子的責任，樹立實踐社會良心的美好典型，厚實了「臺灣學」的中層建築。而本文的寫作，或許對臺灣學的上層建築能略盡棉薄之力，為一位移居臺灣42年的客家儒者代為述說其志。

〔註37〕「臺灣學」的學術門類或說結構，莊萬壽教授將之分為三層，「下層，是自然環境與經濟的條件，作為物質基礎。其上為中層的各社會學科，它可以形成社會制度。再上層為人文學科，屬意識形態（ideology），是人擁有理念、觀念的思想系統，抽象而非具象，它可主動性的支持中層結構與下層結構，但不可能改變自然本質。臺灣學是以人文學科為核心。」莊萬壽：〈臺灣學緒論〉，黃伯翰等著；葉海煙主編：《臺灣學入門》，頁24。

引用文獻

壹、傳統文獻（依朝代先後排列）

一、經部

1. 〔東漢〕鄭玄注、〔唐〕賈公彥疏：《周禮注疏》，北京：北京大學出版社，1999 年。

2. 〔魏〕王弼、韓康伯注，〔唐〕孔穎達正義：《周易正義》，收入阮元審定，盧宣旬校：《重栞宋本十三經注疏·附校勘記》，臺北：藝文印書館，1993年 9 月。

3. 〔宋〕朱熹：《四書章句集注》，北京：中華書局，2003 年 6 月。

4. 〔清〕永瑢，紀昀等著：《武英殿本四庫全書總目提要》，臺北：臺灣商務印書館，1983 年 6 月。

5. 〔清〕朱彝尊著，林慶彰、蔣秋華等編審：《點校補正經義考》，臺北：中央研究院中國文哲研究所籌備處，1999 年 8 月。

二、史部

1. 〔漢〕司馬遷著，〔宋〕裴駰集解，〔唐〕司馬貞索隱，〔唐〕張守節正義：《新校本史記三家注并附編二種》，臺北：鼎文書局，1993 年 10 月。

2. 〔漢〕班固著，〔唐〕顏師古注：《新校本漢書并附編二種》，臺北：鼎文書局，1991 年 9 月。

3. 〔晉〕陳壽著，〔南朝宋〕裴松之注：《三國志》，臺北：鼎文書局，1993年 2 月。

4. 〔南朝·宋〕范曄著:《新校本後漢書并附編十三種》,臺北:鼎文書局,1984 年 3 月。

5. 〔宋〕沈樞著,四部叢刊廣編編審委員會主編:《通鑑總類》,臺北:臺灣商務印書館,1981 年 2 月。

6. 〔宋〕歐陽修,宋祈著:《新校本新唐書附索引》,臺北:鼎文書局,1994 年 10 月。

7. 〔清〕張廷玉等著:《新校本明史并附編六種十》,臺北:鼎文書局,1975 年 8 月。

8. 〔清〕章學誠:《新編本文史通義:含方志略例及校讎通義》,臺北:華世出版社,1980 年 9 月。

三、子部

1. 〔漢〕董仲舒著,〔清〕凌曙注:《春秋繁露注》,臺北:世界書局,1989 年 10 月。

2. 〔周〕李耳著,〔晉〕王弼註:《老子註》,臺北:藝文印書館,1996 年 3 月。

3. 〔宋〕程頤,程灝著:《二程全書》,臺北:臺灣中華書局,1986 年 8 月。

4. 〔宋〕周敦頤:《周子通書》,臺北:臺灣中華書局,1992 年 1 月。

5. 〔宋〕朱熹著;朱傑人、嚴佐之、劉永翔主編:《朱子全書外編》,上海:華東師範大學出版社,2010 年 9 月。

6. 〔宋〕朱熹著,〔宋〕黎靖德編;王星賢點校:《朱子語類》,北京:中華書局,2011 年 3 月。

7. 〔清〕陳確:《陳確集》,北京:中華書局,1979 年 4 月。

8. 〔清〕江藩輯:《國朝漢學師承記》,臺北:臺灣中華書局,1980 年 1 月。

9. 〔清〕汪榮寶著:《法言義疏》,臺北:世界書局,1981 年 6 月。

10. 〔清〕戴震著,張岱年主編:《戴震全書》,合肥:黃山書社,1995 年 10 月。

11. 〔清〕劉壽曾著;林子雄點校,楊晉龍校訂:《劉壽曾集》,臺北:中國文哲研究所籌備處,2001 年 4 月。

12. 〔清〕王先謙:《莊子集解》,臺北:東大圖書,2004 年 10 月。

13. 〔清〕錢大昕著;呂友仁校點:《潛研堂集》,上海:上海古籍出版社,

2009 年 8 月。

四、集部

1. 〔南朝・宋〕劉義慶著,〔南朝・梁〕劉孝標注;余嘉錫箋疏:《世說新語箋疏》,北京:中華書局,2007 年 10 月。

2. 〔南朝・梁〕劉勰著;臺灣開明書店:《文心雕龍注》,臺北:臺灣開明書店,1993 年 5 月。

3. 〔南朝・梁〕蕭統編;張啟成、徐達等譯著:《昭明文選》,臺北:臺灣古籍出版公司,2001 年 3 月。

4. 〔宋〕姚鉉編:《唐文粹》,臺北:世界書局,1989 年 5 月。

5. 〔宋〕歐陽修著:《歐陽修全集》,北京:中華書局,2001 年 3 月。

6. 〔明〕王陽明著;于自力、孔薇、楊驊驍注譯:《傳習錄》,鄭州:中州古籍出版社,2004 年 1 月。

7. 〔清〕袁枚:《小倉山房文集》,臺北:臺灣中華書局,1980 年 11 月。

8. 〔清〕曾國藩著:《曾文正公詩文集》,臺北:臺灣中華書局,1982 年 4 月。

9. 〔清〕顧炎武《亭林詩文集》,臺北:臺灣中華書局,1982 年 4 月。

10. 〔清〕方苞:《望溪文集》,臺北:臺灣中華書局,1983 年 12 月。

11. 〔清〕包世臣:《藝舟雙楫》,臺北:臺灣商務印書館,1986 年 11 月。

12. 〔清〕王先謙纂輯:《續古文辭類纂》,臺北:廣文書局,1993 年 5 月。

13. 〔清〕紀昀:《閱微草堂筆記》,臺北:台灣古籍出版社,2006 年 9 月。

貳、方志及其它（依朝代及出版時間先後排列）

1. 〔清〕丁曰健編:《治臺必告錄》,臺灣文獻叢刊第 17 種,臺北:臺灣銀行經濟研究室,1959 年 10 月。

2. 〔清〕李延璧、周璽:《彰化縣誌》,臺灣文獻叢刊第 156 種,臺北:臺灣銀行經濟研究室,1962 年 11 月。

3. 〔清〕周鍾瑄、陳夢林:《諸羅縣志》,臺灣文獻叢刊第 141 種,臺北:臺灣銀行經濟研究室,1962 年 12 月。

4. 〔清〕林豪纂:《澎湖廳志》,臺灣文獻叢刊 164 種,臺北:臺灣銀行經濟研究室,1963 年 6 月。

5. 〔清〕王禮、陳文達:《臺灣縣志》,臺北:大通書局,1984 年 10 月。

6. 〔清〕余文儀:《續修臺灣府志》,臺灣文獻叢刊第 121 種,臺北:大通書局,1984 年 10 月。

7. 〔清〕沈茂蔭:《苗栗縣志》,臺灣文獻叢刊第 159 種,臺北:大通書局,1984 年 10 月。

8. 〔清〕溫仲和:《光緒嘉應州志》,桃園縣:臺灣客家書坊,2009 年 10 月。

9. 〔日〕連橫:《臺灣通史》,臺灣文獻叢刊第 128 種,臺北:臺灣銀行經濟研究室,1962 年 2 月。

10. 吳幅員:《臺灣文獻叢刊提要》,臺北:臺灣銀行經濟研究室,1977 年 6 月。

11. 臺灣銀行經濟研究室編:《台灣教育碑記》,臺灣文獻叢刊第 54 種,臺北:大通書局,1987 年 10 月。

12. 陳捷先:《清代臺灣方志研究》,臺北:臺灣學生書局,1996 年 8 月。

13. 王幼華、莫瑜:《重修苗栗縣志》,苗栗:苗栗縣政府,2005 年 12 月。

參、近人論著（依出版時間先後排列）

一、專書

（一）儒學類

1. 國立成功大學中國文學系主編:《第二屆臺灣儒學國際學術研討會論文集》,臺南:國立成功大學中國文學系,1999 年 12 月。

2. 吳龍輝:《原始儒家考述》,北京:中國社會科學出版社,2000 年 1 月。

3. 淡江大學中國文學系主編:《台灣儒學與現代生活國際學術研討會論文集》,臺北:臺北政府文化局,2000 年 12 月。

4. 陳昭瑛:《臺灣儒學的當代課題:本土性與現代性》,北京:中國社會科學出版社,2001 年 7 月。

5. 龔鵬程:《儒學反思錄》,臺北:臺灣學生書局,2001 年 9 月。

6. 潘朝陽:《明清臺灣儒學論》,臺北:臺灣學生書局,2001 年 10 月。

7. 田浩:《朱熹的思維世界》,西安:陝西師範大學出版社,2002 年 8 月。

8. 湯一介主編,王先霈著:《國學舉要·文卷》,武漢:湖北教育出版社,

2002 年 9 月。

9. 余英時：《歷史與思想》，臺北：聯經出版事業股份有限公司，2004 年 11 月。

10. 余英時：《士與中國文化》，上海：上海人民出版社，2004 年 12 月。

11. 陳昭瑛：《臺灣與傳統文化（增訂再版）》，臺北：國立臺灣大學出版中心，2005 年 8 月。

12. 張麗珠：《清代的義理學轉型》，臺北：里局書局，2006 年 12 月。

13. 陳昭瑛：《臺灣儒學：起源、發展與轉化》，臺北：國立臺灣大學出版中心，2008 年 4 月。

14. 潘朝陽：《臺灣儒學的傳統與現代》，臺北：國立臺灣大學出版中心，2008 年 9 月。

15. 黃俊傑編：《東亞論語學：中國篇》，臺北：國立臺灣大學出版中心，2009 年 9 月。

16. 陳昭瑛：《臺灣文學與本土化運動》，臺北：國立臺灣大學出版中心，2009 年 10 月。

17. 黃麗生著：《邊緣與非漢──儒學及其非主流傳播》，臺北：國立臺灣大學出版中心，2010 年 05 月。

18. 黃麗生編：《邊緣儒學與非漢儒學：東亞儒學的比較視野（17～20 世紀）》，臺北：國立臺灣大學出版中心，2012 年 3 月。

19. 黃麗生編：《東亞客家文化圈中的儒學與教育》，臺北：國立臺灣大學出版中心，2012 年 11 月。

20. 黃俊傑：《思想史視野中的東亞》，臺北：國立臺灣大學出版中心，2016 年 10 月。

21. 林遠澤：《儒家後習俗責任倫理學的理念》，臺北：聯經出版社，2017 年 4 月。

（二）史學類

1. 羅香林：《客家研究導論》，臺北：南天書局，1992 年 7 月。

2. 錢穆：《中國近三百年學術史》，臺北：聯經出版社，1994 年 9 月。

3. 尹章義：《臺灣開發史研究》，臺北：聯經出版事業股份有限公司，1995 年 8 月。

4. 黃秀政、張勝彥、吳文星：《臺灣史》，五南圖書出版股份有限公司，2002年2月。

5. 杜維運：《中國史學史（第二冊）》，臺北：杜維運出版，2002年9月。

6. 張豈之主編：《中國歷史的十五堂課》，臺北：五南圖書出版股份有限公司，2006年8月。

7. 王汎森：《近代中國的史家與史學》，香港：三聯書店，2008年10月。

8. 石文誠等著：《簡明臺灣圖史》，臺北：如果出版社，2012年12月。

9. 薛化元：《臺灣開發史》，臺北：三民書局，2013年10月。

10. 駱芬美：《被混淆的台灣史：1861~1949之史實不等於事實》，臺北：時報文化出版社，2014年1月。

11. 梁肇庭原著；蒂姆.賴特（Tim Wright）編；王東，孫業山譯：《中國歷史上的移民與族群性：客家、棚民及其鄰居們》，臺北：南天書局，2015年1月。

12. 陳懷宇：《在西方發現陳寅恪——中國近代人文學的東方學與西學背景》，香港：三聯書店，2015年5月。

13. 杜正勝，劉翠溶等著：《中國歷史的再思考》，臺北：聯經出版社，2015年7月。

14. 張濤：《乾隆三禮館史論》，上海：上海人民出版社，2015年12月。

15. 李隆獻：《先秦兩漢歷史敘事隅論》，臺北：國立臺灣大學出版中心，2017年6月。

16. 郭秉文著；沈聿德；李淑萍校注：《新譯中國教育制度沿革史》，桃園：國立中央大學出版中心，2017年11月。

（三）經學類

1. 錢穆：《兩漢經學今古文平議》，臺北：東大圖書股份有限公司，1983年9月。

2. 楊伯峻：《春秋左傳注》，高雄：復文圖書出版社，1991年9月。

3. 勞思光著，黃慧英編：《大學中庸譯註新編》，香港：中文大學出版社，2000年。

4. 賴貴三主編：《臺灣易學史》，臺北：里仁書局，2005年2月。

5. 龔鵬程：《六經皆文》，臺北：臺灣學生書局，2008年12月。

（四）文學類

1. 王國璠、邱勝安：《三百年來台灣作家與作品》，鳳山：台灣時報社，1977年8月。

2. 陳必祥：《古代散文文體概論》，臺北：文史哲，1987年10月。

3. 施懿琳、許俊雅、楊翠：《臺中文學發展史》，豐原：臺中縣立文化中心，1995年6月。

4. 劉大杰：《中國文學發展史》，臺北：華正書局，1996年7月。

5. 袁行霈主編：《中國文學史》，臺北：五南圖書股份有限公司，2003年1月。

6. 羅聯添編：《韓愈古文校注彙輯》，臺北：國立編譯館出版，2003年6月。

7. 張麗俊：《水竹居主人日記（七）》，臺北：中央研究院近代史研究所，2004年1月。

8. 魯迅：《中國小說史略》（上海：上海古籍出版社，2004年2月。

9. 黃哲永、吳福助主編：《全臺文》，臺中：文听閣圖書，2007年7月。

10. 黃美娥：《古典臺灣：文學史‧詩社‧作家論》，臺北：國立編譯館出版，2007年7月。

11. 劉登翰、莊明萱主編：《臺灣文學史‧第二編近代史》，北京：現代教育出版社，2007年9月。

12. 林淑慧：《台灣清治時期散文的文化軌跡》，臺北：台灣學生書局，2007年11月。

13. 葉石濤：《台灣文學史綱》，高雄：春暉出版社，2010年10月。

14. 郭預衡：《中國散文史》，上海：上海古籍，2011年12月。

15. 趙偵宇：《觀念、分類與文類源流：日治時期的臺灣現代散文》，臺北：秀威資訊科技股份有限公司，2016年6月。

（五）思想類

1. 梁啟超：《中國學術思想變遷之大勢》，臺北：臺灣中華書局，1989年10月。

2. 錢穆：《中國學術通義》，臺北：臺灣學生書局，1993年2月。

3. 余英時：《論戴震與章學誠：清代中期學術思想研究》，臺北：東大圖書股份有限公司，1996年11月。

4. 侯外廬等主編:《宋明理學史》,北京:人民出版社,1997 年 10 月。

5. 勞思光:《新編中國哲學史(三下)》,臺北:三民書局,1998 年 2 月。

6. 徐復觀著:《中國人性論史》,臺北:臺灣商務印書館,1999 年 9 月。

7. 唐君毅:《人文精神之重建》,臺北:臺灣學生書局,2000 年 6 月。

8. 王邦雄、岑溢成、楊祖漢、高柏園編著:《中國哲學史》,臺北:國立空中大學,2001 年 2 月。

9. 牟宗三:《中國哲學十九講》,臺北:臺灣學生書局,2002 年 8 月。

10. 周光慶:《中國古典解釋學導論》,北京:中華書局,2002 年 9 月。

11. 張學智:《明代哲學史》,北京:北京大學出版社,2003 年 6 月。

12. 錢穆:《中國學術思想史論叢(八)》,臺北:東大圖書股份有限公司,2006 年 8 月。

13. 南懷瑾講述:《莊子諵譁》,臺北:老古文化事業股份有限公司,2007 年 1 月。

14. 張麗珠:《中國哲學史三十講》,臺北:里仁書局,2007 年 8 月。

15. 王幼華:《考辨與詮說-清代臺灣論述》,臺北:文津出版社,2008 年 8 月。

16. 張曉芬:《天理與人欲之爭:清儒揚州學派「情理論」探微》,臺北:秀威資訊科技股份有限公司,2010 年 7 月。

17. 黃伯翰等著;葉海煙主編:《臺灣學入門》,臺北:五南圖書出版股份有限公司,2011 年 1 月。

18. 傅佩榮:《一本就通:西方哲學史》,臺北:聯經出版公司,2012 年 9 月。

19. 蔡宏進:《社會良心論》,臺北:五南圖書出版股份有限公司,2016 年 8 月。

(六)傳記類

1. 楊碧川著:《台灣歷史辭典》,臺北:前衛出版社,1997 年 8 月。

2. 林偉洲、張子文、郭啟傳著文;盧錦堂主編:《臺灣歷史人物小傳:明清時期》,臺北:國家圖書館,2001 年 6 月。

3. 張子文、郭啟傳、林偉洲:《臺灣歷史人物小傳-明清暨日據時期》,臺北:國家圖書館,2003 年 12 月。

（七）文獻類

1. 王國璠編：《臺灣先賢著作提要》，新竹：臺灣省立新竹社會教育館，1974年6月。

2. 林慶彰、蔣秋華主編：《清領時期臺灣儒學參考文獻》，新北：華藝學術出版社，2013年11月。

（八）理論類

1. 劉介民：《比較文學方法論》，臺北：時報文化出版事業，1990年5月。

2. 高宣揚：《布爾迪厄 Pierre Bourdieu》，臺北：生智文化事業有限公司，2002年6月。

3. 羅婷：《克里斯多娃》，臺北：生智文化事業有限公司，2002年8月。

4. 葉至誠、葉立誠：《研究方法與論文寫作》，臺北：商鼎文化出版社，2002年12月。

5. 〔法〕皮埃爾・布迪厄（Pierre Bourdieu），華康德（loic Wacquant）著；李猛，李康譯：《實踐與反思：反思社會學導引》，北京：中央編譯出版社，2004年4月。

6. 〔美〕戴維・斯沃茨；陶東風譯：《文化與權力：布爾迪厄的社會學》，上海：上海譯文出版社，2006年5月。

7. 〔法〕皮埃爾・布爾迪厄，羅杰・夏蒂埃著；馬勝利譯：《社會學家與歷史學家：布爾迪厄與夏蒂埃對話錄》，北京：北京大學出版社，2012年2月。

8. 〔法〕皮耶・布赫迪厄（Pierre Bourdieu）著；陳逸淳譯：《所述之言：布赫迪厄反思社會學文集》，臺北：麥田出版社，2012年6月。

二、單篇論文

1. 黃得時：〈台灣文學史序說〉，《台灣文學》第3卷3期，1943年7月。

2. 蔡淵絜，〈清代台灣的學術發展〉，許俊雅編著：《第一屆臺灣本土文化學術研討會論文集》，臺北：國立臺灣師範大學文學院、人文教育研究中心，1995年4月。

3. 宋鼎宗：〈清領時期臺灣的儒學思想〉，收入國立成功大學中國文學系主編：《第二屆臺灣儒學國際學術研討會論文集》，臺南：成功大學中文系，1999年12月。

4. 潘朝陽：〈康熙時代臺灣社會區域與儒家理想之實踐〉，收入國立成功大學中國文學系主編：《第二屆臺灣儒學國際學術研討會論文集》，臺南：成功大學中文系，1999 年 12 月。

5. 李威熊：〈論孔孟的自我定位與人我分際〉，《國文學誌》第 2 期，2002 年 12 月。

6. 惠鳴：〈復古觀念對文類演進的影響〉，《逢甲人文社會學報》第 8 期，2004 年 5 月。

7. 李穎：〈清代臺灣儒學文化的地域分佈及原因〉，《福建省社會主義學院學報》第 3 期，2005 年。

8. 楊晉龍：〈揚州學術導言〉，《中國文哲研究通訊》第 15 卷第 1 期，2005 年 3 月。

9. 吳進安：〈清領時期台灣書院教育的儒學思想〉，《漢學研究集刊創刊號》第 1 期，2005 年 12 月。

10. 謝貴文：〈清代臺灣循吏姚瑩的治安事功〉，《屏東教育大學學報》第 24 期，2006 年 3 月。

11. 楊齊福：〈清代台灣舉人之概論〉，《台灣研究・歷史》第 5 期，2007 年。

12. 廖振富：〈台灣古典文學研究概述〉，林瑞明總編輯：《2006 台灣文學年鑑》，臺南，國立臺灣文學館，2007 年 12 月。

13. 賴貴三：〈明清時期臺灣經學歷史發展的考察與分析〉，《中國經學》，第 3 輯，桂林：廣西師範大學出版社，2008 年 4 月。

14. 盧奕璇：〈北宋史論文的資鑑精神——以歐陽脩、司馬光、蘇軾為例〉，《東方人文學誌》第 7 卷第 4 期，2008 年 12 月。

15. 葉憲峻：〈清代臺灣儒學與孔廟之設置〉，《社會科教育研究》第 13 期，2008 年 12 月，頁 192。

16. 侯美珍：〈明清八股取士與經書評點的興起〉，《經學研究集刊》第 7 期，2009 年 4 月。

17. 張至廷：〈從章學誠「六經皆史」說與蒙文通「經史分途」說論經、史分合關係〉，《鵝湖月刊》第 34 卷第 11 期總號第 407，2009 年 5 月。

18. 陳啟鐘：〈歷史學與社會科學的對話：評《他者的歷史：社會人類學與歷史製作》〉，《歷史教育》第 18 期，2011 年 6 月。

19. 顧敏耀：〈臺灣清領時期經學發展考察〉，《興大中文學報》第 29 期，2011 年 6 月。

20. 吳正龍：〈明鄭時期陳永華興學設教事蹟初探〉，《教育資料與研究》第 104 期，2012 年 2 月。

21. 區志堅：〈民國學術從移植到國際化的歷程：讀王汎森等著《中華民國發展史・學術發展》〉，《思與言》第 50 卷第 3 期，2012 年 9 月。

22. 王基倫：〈北宋古家繼承「道統」說而非「文統」說〉，《文與哲》第 24 期，2014 年 6 月。

23. 張高評：〈《春秋》曲筆書滅與《左傳》屬辭比事──以史傳經與《春秋》書法〉，《成大中文學報》第 45 期，2014 年 6 月。

24. 林安梧：〈儒教釋義：儒學、儒家與儒教的分際〉，《鵝湖月刊》第 41 卷第 7 期總號第 487，2016 年 1 月。

25. 黃聖哲：〈歷史作為自然史：論阿多諾的歷史理論〉，《哲學與文化月刊》革新號第 503 期（第 43 卷第 4 期），2016 年 4 月。

26. 佟大群：〈清代朱子學三論〉，《社會科學輯刊》第 5 期，2017 年 5 月。

27. 李威寰：〈近 50 年來（1960～2016）「明鄭至戰後初期臺灣儒學」研究之回顧與展望〉，《當代儒學研究》第 22 期，2017 年 6 月。

28. 孫瑩瑩：〈劉壽曾交遊及創作考論──以其集外詩文為中心〉，《書目季刊》第 51 卷第 2 期，2017 年 9 月。

肆、吳子光相關研究（依出版時間先後排列）

一、吳子光及其弟子相關著作

1. 〔清〕吳子光：《臺灣紀事》，臺灣文獻叢刊第 36 種，臺北：臺灣銀行經濟研究室，1959 年 2 月。

2. 〔清〕吳子光著，王國璠總編輯：《吳子光全書（上）・經餘雜錄》，臺北：中華民國臺灣史蹟研究中心，1979 年 6 月。

3. 〔清〕吳子光著，王國璠總編輯：《吳子光全書（中）・三長贅筆》，臺北：中華民國臺灣史蹟研究中心，1979 年 6 月。

4. 〔清〕吳子光著，王國璠總編輯：《吳子光全書（下）・一肚皮集》，臺北：中華民國臺灣史蹟研究中心，1979 年 6 月。

5. 〔清〕呂汝修、呂汝玉、呂錫圭等：《海東三鳳集》，出版地不詳：臺灣史蹟研究中心，1981 年。

6. 〔清〕吳子光著，王國璠總輯、高志彬主編：：《一肚皮集》，《臺灣先賢詩文集彙刊》第三輯，臺北縣：龍文出版社，2001 年 6 月。

7. 〔清〕吳子光，高志彬主編：《經餘雜錄選》，臺北：龍文出版社，2001 年 6 月。

8. 〔清〕謝頌臣：《小東山詩存》，出版地、出版社不詳。

9. 〔清〕吳子光著，顧敏耀選注：《吳子光集》，臺南：臺灣文學館，2013 年 11 月。

二、單篇論文

（一）期刊類論文

1. 鄭喜夫：〈吳芸閣先生年譜初稿（一）〉，《臺灣風物》31 卷 1～3 期，1981 年 3 月。

2. 鄭喜夫：〈吳芸閣先生年譜初稿（二）〉，《臺灣風物》31 卷 2 期，1981 年 6 月。

3. 鄭喜夫：〈吳芸閣先生年譜初稿（三）〉，《臺灣風物》31 卷 3 期，1981 年 9 月。

4. 鄭喜夫：〈吳芸閣先生年譜初稿（四）〉，《臺灣風物》32 卷 1 期，1982 年 3 月。

5. 鄭喜夫：〈吳芸閣先生年譜初稿（五）〉，《臺灣風物》32 卷 2 期，1982 年 6 月。

6. 張永堂：〈一肚皮不合時宜的吳子光先生〉，《臺北文獻》63、64 兩期合刊，1983 年 6 月。

7. 林敏勝：〈吳子光與一肚皮集〉，《中興史學》3 期，1997 年 5 月。

8. 陳炎正：〈以岸裡社為例看臺灣早期的開發〉，《臺灣源流》第 11 期，1998 年 9 月。

9. 陳炎正：〈筱雲山莊──臺灣歷史文化地標〉，《臺灣源流》第 16 期，1999 年 12 月。

10. 陳運棟：〈山城文獻初祖－芸閣山人吳子光舉人〉，《苗栗文獻》1 卷 15 期，2001 年 3 月。

11. 田啟文〈吳子光古文理論分析〉,《臺灣文學評論》4 卷 1 期,2004 年 1 月。

12. 黃麗生:〈近代臺灣客家儒紳海洋意識的轉變:從吳子光到丘逢甲〉,《海洋文化學刊》2 期,2006 年 12 月。

13. 王幼華:〈吳子光〈雙峰草堂記〉連作創作技巧論析〉,《興大人文學報》第 39 期,2007 年 9 月。

(二) 研討會類論文

1. 顧敏耀:〈鐵梅道人吳子光古典散文探析:以《臺灣記事》為例〉,《「第四屆客家文學研討會」論文》,苗栗:國立聯合大學出版,2004 年。

2. 顧敏耀:〈臺灣清領時期學術發展管窺:以吳子光《經餘雜錄‧書後題跋類》為探討對象〉,《第一屆「苗栗學──啟蒙、紮根、開創」研討會論文集》,苗栗:國立聯合大學出版,2005 年。

3. 陳炎正:〈一代鴻儒──吳子光〉,《第一屆「苗栗學──啟蒙、紮根、開創」研討會論文集》,苗栗:國立聯合大學出版,2005 年。

4. 王幼華:〈從流動到地著──吳子光的移民歷程與原住民記述〉,《第五屆「臺灣客家文學、人文社會學術研討會」論文》,苗栗:國立聯合大學出版,2005 年 11 月。

5. 楊淑華:〈吳子光傳類古文探析〉,《臺灣古典散文學術論文集》,臺北:里仁書局,2011 年 11 月。

三、吳子光研究的相關學位論文

1. 葉憲峻:《清代臺灣教育之建置與發展》,台北:中國文化大學史學研究所博士論文,2003 年 6 月。

2. 陳珮羚:《清代臺灣中部「筱雲山莊」呂家的發展》,台中:東海大學歷史學系碩士論文,2003 年 6 月。

3. 葉靜謙:《吳子光與《一肚皮集》中的臺灣風土探析》,逢甲大學中國文學所碩士論文,2009 年 6 月。

4. 顧敏耀:《台灣古典文學系譜的多元考掘與脈絡重構》,中壢:中央大學中文研究所博士論文,2010 年 1 月。

5. 呂欣芸:《清代臺灣客家文人的人際網絡──以吳子光為中心》,國立中央大學客家社會文化研究所碩士論文,2013 年 1 月。

6. 宋子江:《吳子光《一肚皮集》中的「記」體古文創作論析》,高雄師範大學客家文化研究所碩士論文,2014 年 1 月。

7. 廖威茗:《吳子光《春秋》學研究》,國立臺北大學古典文獻與民俗藝術研究所碩士論文,2015 年 7 月。

伍、辭典

1. 新辭典編纂委員會:《新辭典》,臺北:三民書局,1991 年 1 月。

2. 夏征農主編:《辭海》,臺北:臺灣東華書局股份有限公司,1992 年 10 月。

3. 漢語大詞典編輯委員會,漢語大詞典編纂處編纂:《漢語大詞典》,上海:漢語大詞典出版社,1995 年 11 月。

4. 楊任之編著:《中國典故辭典》,五南圖書出版公司,1999 年 6 月。

陸、田野調查

1. 2017 年 8 月 10 日豐原慈濟宮訪問文史工作廖啟宗老師。

2. 2017 年 8 月 20 日參訪神崗筱雲山莊。

柒、網路資源

1. 豐原慈濟宮全球資訊網站 http://www.zhujai.org.tw/about2.aspx,20210711。

附錄一、吳子光年譜簡編

紀　年	年　齡	先生 1 歲	
嘉慶 24 年 （1819 年）	事略 （行事）	1. 吳子光出生。 2. 祖父鳴濬公（吳維信）以勞瘁故，卒於臺灣，享年 60 歲。	
	詩文 創作	詩	
		文	
	備註	1. 乾隆 44 年（1779 年），吳子光祖父吳維信（禹甫）與堂伯吳熊生（象賢）來臺。 2. 乾隆 51 年（1786 年），林爽文抗清事件發生。	
	參考文獻	《吳子光全書（下）・一肚皮集》卷 4。	
紀　年	年　齡	先生 3 歲	
道光元年 （1821 年）	事略 （行事）		
	詩文 創作	詩	
		文	
	備註	林占梅生。	
	參考文獻		
紀　年	年　齡	先生 6 歲	
道光 4 年 （1824 年）	事略 （行事）	1. 先生始就傅，在家讀書凡 14 年。 2. 先生父（讚謨公）建啟英書室，貯書數萬卷。	
	詩文 創作	詩	
		文	
	備註		
	參考文獻		

紀　年	年　齡		先生 11 歲
道光 9 年 （1829 年）	事略 （行事）		幼時以為讀《四書》、《五經》即稱「讀書人」，稍長始知談何容易。
	詩文 創作	詩	
		文	〈禮樂志〉（《三長贅筆》卷 6）。
	備註		呂炳南生。
	參考文獻		《三長贅筆》卷 6。
紀　年	年　齡		先生 12 歲
道光 10 年 （1830 年）	事略 （行事）		吳子光開始習作科舉文字。 1. 讀畢大經：《禮記》、《春秋左傳》。 　中經：《詩》、《周禮》、《儀禮》。 　小經：《易》、《書》、《春秋》、《公羊傳》、《穀梁傳》。 2. 治學除制藝科目外，文字、古文及詩歌也鑽研甚深。
	詩文 創作	詩	
		文	
	備註		
	參考文獻		
紀　年	年　齡		先生 13 歲
道光 11 年 （1831 年）	事略 （行事）		以古文為性命之學。
	詩文 創作	詩	
		文	
	備註		
	參考文獻		
紀　年	年　齡		先生 14 歲
道光 12 年 （1832 年）	事略 （行事）		先生讀書立品，學業日進，實得力於母教（蔡氏）。
	詩文 創作	詩	
		文	
	備註		
	參考文獻		

紀　年	年　齡	先生 15 歲	
道光 13 年 （1833 年）	事略 （行事）	1. 塾師驚其文，稱為「作才」。 2. 先生作「女為君子儒」題文，以經史（《史記》、《春秋》）對作。（《經餘雜錄》卷 6「纖緯」條）。	
	詩文 創作	詩	
		文	
	備註		
	參考文獻	《經餘雜錄》卷 6。	

紀　年	年　齡	先生 17 歲	
道光 15 年 （1835 年）	事略 （行事）	同鄉吳銘鐘舉鄉試，是一豪傑之士，為先生所欽仰，譽有「東漢太邱長風味」。	
	詩文 創作	詩	
		文	
	備註		
	參考文獻		

紀　年	年　齡	先生 18 歲	
道光 16 年 （1836 年）	事略 （行事）	先生家道已落，母中風，父又不良於行。夫人陳氏來歸，時年 15 歲。	
	詩文 創作	詩	
		文	
	備註	呂世芳籌組「梓潼帝君會」。	
	參考文獻		

紀　年	年　齡	先生 19 歲	
道光 17 年 （1837 年）	事略 （行事）	先生始遊臺，首次至彰化縣三角莊訪呂衍納（世芳）。	
	詩文 創作	詩	
		文	
	備註	吳子光第一次來臺。	
	參考文獻		

紀　年	年　齡		先生 20 歲
道光 18 年 （1838 年）	事略 （行事）		1. 先生父贈齊硯山古硯。 2. 與莒香居士訂杵臼交。
	詩文 創作	詩	
		文	〈奇異姓名錄〉。
	備註		
	參考文獻		

紀　年	年　齡		先生 21 歲
道光 19 年 （1839 年）	事略 （行事）		先生復客遊臺疆，僑寓彰化縣岸裡社，日與巴宰族原住民來往。
	詩文 創作	詩	
		文	
	備註		吳子光第二次來臺。
	參考文獻		

紀　年	年　齡		先生 23 歲
道光 21 年 （1841 年）	事略 （行事）		先生好遊，曾行旅粵、閩名勝。
	詩文 創作	詩	
		文	〈恨賦〉（《一肚皮集・芸閣山人別傳》卷 5）。
	備註		
	參考文獻		《吳子光全書（下）・一肚皮集》卷 5。

紀　年	年　齡		先生 24 歲
道光 22 年 （1842 年）	事略 （行事）		1. 家中一貧如洗，父母沉疴稍瘳。讚謨公挈先生、仲弟肇光為稻粱謀計而避居臺灣，此後因種種主客觀條件的限制，便未再回廣東嘉應州原鄉而永久定居在臺灣。 2. 先生業師吳應臺屢挫場屋，久之亦遊臺灣。 3. 與呂衍納交情甚篤，每歲必至其家，常流戀，匝月不忍去。
	詩文 創作	詩	
		文	
	備註		1. 道光 20～22 年（1840～1842），中、英因銷煙問題引發鴉片戰爭。 2. 吳子光第三次來臺。
	參考文獻		

紀　年	年　齡		先生 25 歲
道光 23 年（1843 年）	事略（行事）		吳子光嗜讀經史，自言「予有經史癖」（《經餘雜錄》卷 7「鄉俗方言」）。
	詩文創作	詩	
		文	
	備註		
	參考文獻		《經餘雜錄》卷 7。
紀　年	年　齡		先生 26 歲
道光 24 年（1844 年）	事略（行事）		
	詩文創作	詩	
		文	
	備註		1. 閩、粵械鬥，北庄粵人因寡不敵眾，遂遷往葫蘆墩、東勢角、南坑庄發展。 2. 臺灣縣有郭有侯抗租事件。
	參考文獻		
紀　年	年　齡		先生 27 歲
道光 25 年（1845 年）	事略（行事）		
	詩文創作	詩	
		文	
	備註		1. 蔡鴻元、楊漢英、蔡媽居等仕紳倡議，於臺中清水建文昌祠並設鰲峰書院，後震毀於 1935 年的清水大地震。 2. 施瓊芳成進士。
	參考文獻		
紀　年	年　齡		先生 29 歲
道光 27 年（1847 年）	事略（行事）		
	詩文創作	詩	
		文	
	備註		呂世宜和板橋林家（國華、國芳兄弟）有交遊。
	參考文獻		

紀　年	年　齡		先生 30 歲
道光 28 年 （1848 年）	事略 （行事）		1. 臺灣道徐宗幹到任，極積任事，改革陋習，整頓臺政有成。 2. 徐宗幹對先生之才識賞識刮目相看，以「國士」器重之，獲補臺灣府學廩生。
	詩文 創作	詩	
		文	
	備註		
	參考文獻		
紀　年	年　齡		先生 31 歲
道光 29 年 （1849 年）	事略 （行事）		
	詩文 創作	詩	
		文	
	備註		林占梅築潛園（內公館）。
	參考文獻		
紀　年	年　齡		先生 32 歲
道光 30 年 （1850 年）	事略 （行事）		
	詩文 創作	詩	
		文	
	備註		徐宗幹訂全臺紳民公約 6 條，以防患英人到臺貿易，尤其是禁止鴉片的輸入。
	參考文獻		
紀　年	年　齡		先生 33 歲
咸豐元年 （1851 年）	事略 （行事）		先生約自本科或上科起，開始內渡福建省城福州參加鄉試，雖屢試不售，但未嘗放棄。
	詩文 創作	詩	
		文	
	備註		鄭用錫建北郭園（內公館）。
	參考文獻		

紀　年	年　齡		先生 34 歲
咸豐 2 年（1852 年）	事略（行事）		1. 先生課徒二湖（今西湖）。 2. 門人呂汝玉、汝修兄弟師事先生甚謹。
	詩文創作	詩	
		文	
	備註		
	參考文獻		
紀　年	年　齡		先生 35 歲
咸豐 3 年（1853 年）	事略（行事）		
	詩文創作	詩	
		文	
	備註		鄭用錫撰〈勸和論〉調解淡北漳、泉械鬥。
	參考文獻		
紀　年	年　齡		先生 36 歲
咸豐 4 年（1854 年）	事略（行事）		
	詩文創作	詩	
		文	
	備註		1. 徐宗幹（福建按察史）為林占梅《潛園琴餘草》作序。 2. 林占梅作〈送徐樹人師內渡〉詩。
	參考文獻		
紀　年	年　齡		先生 37 歲
咸豐 5 年（1855 年）	事略（行事）		
	詩文創作	詩	
		文	〈先伯父熊生公家傳〉。
	備註		友人呂衍納卒。
	參考文獻		《吳子光全書（下）‧一肚皮集》卷 4。

紀　年	年　齡		先生 39 歲
咸豐 7 年 （1857 年）	事略 （行事）		吳子光父吳遠生歿，享年 60 歲。
	詩文 創作	詩	
		文	〈先考守堂公家傳〉。
	備註		
	參考文獻		《吳子光全書（下）‧一肚皮集》卷 4。
紀　年	年　齡		先生 40 歲
咸豐 8 年 （1858 年）	事略 （行事）		
	詩文 創作	詩	
		文	
	備註		第一次英法聯軍之役後，清廷允開台灣港口為通商口岸。
	參考文獻		
紀　年	年　齡		先生 42 歲
咸豐 10 年 （1860 年）	事略 （行事）		
	詩文 創作	詩	
		文	
	備註		第二次英法聯軍之役後，議開八里坌為通商口岸，漸有外商來台。
	參考文獻		
紀　年	年　齡		先生 43 歲
咸豐 11 年 （1861 年）	事略 （行事）		
	詩文 創作	詩	
		文	
	備註		彰化縣戴潮春招集黨眾，立八卦會，辦團練，實天地會組織。
	參考文獻		

紀　年	年　齡		先生 44 歲
同治元年 （1862 年）	事略 （行事）		戴潮春事件爆發。吳子光北走淡水廳，於苗栗街設館課徒。
	詩文 創作	詩	
		文	
	備註		呂炳南建「文昌祠」於岸裡社。
	參考文獻		

紀　年	年　齡		先生 45 歲
同治 2 年 （1863 年）	事略 （行事）		吳子光妻陳氏渡台。
	詩文 創作	詩	
		文	
	備註		
	參考文獻		

紀　年	年　齡		先生 46 歲
同治 3 年 （1864 年）	事略 （行事）		以臺灣籍赴福州參加鄉試。母蔡氏歿。
	詩文 創作	詩	
		文	
	備註		林占梅「潛園」落成。
	參考文獻		

紀　年	年　齡		先生 47 歲
同治 4 年 （1865 年）	事略 （行事）		1. 升補歲貢生，後中鄉試第 52 名舉人，得與名公鉅卿遊。 2. 吳子光中舉後，北遊林占梅的「潛園」。
	詩文 創作	詩	〈酬祖聯句〉、〈送李鑑堂之華封貳尹任〉。
		文	〈題蟹出浴圖有序〉、〈題蟹鬥圖并序〉、〈題蟹負子圖有序〉等「蟹」系列諸題共 8 篇。
	備註		酬祖聯云：「說法貴現身，四七年虎榜纔登，豈真山斗名高，漫詡文章能報國！讀書存夙願，九萬里鵬程斯奮，遙拜君親恩重，還期忠孝永傳家。」（《一肚皮集‧答客問》卷 2）。
	參考文獻		《吳子光全書（下）‧一肚皮集》卷 2。

紀　年	年　齡		先生 48 歲
同治 5 年（1866 年）	事略（行事）		神岡呂炳南新築宅第「筱雲山莊」落成，以為娛親之所。另建筱雲軒藏書萬卷。
	詩文創作	詩	
		文	
	備註		1. 徐宗幹卒。 2. 林豪撰成《東瀛紀事》。
	參考文獻		
紀　年	年　齡		先生 49 歲
同治 6 年（1867 年）	事略（行事）		
	詩文創作	詩	
		文	〈邑明經湯先生傳〉、〈寄座主丁亦溪夫子書〉。
	備註		1. 林豪撰成《淡水廳志》15 卷。 2. 琅嶠（恆春）事件發生。
	參考文獻		《吳子光全書（下）・一肚皮集》卷 4、卷 2。
紀　年	年　齡		先生 50 歲
同治 7 年（1868 年）	事略（行事）		
	詩文創作	詩	
		文	1.〈贈富崇軒（樂賀）司馬應（並序）〉、〈臺地籌積貯說〉、〈書《紅樓夢後》〉長短共 21 條。 2.〈題光明呂府君圖讚〉（此文未收入《吳子光全書》）。
	備註		
	參考文獻		《吳子光全書（上）・小草拾遺》、《吳子光全書（下）・一肚皮集》卷 8、《吳子光全書（上）・經餘雜錄》卷 4。
紀　年	年　齡		先生 51 歲
同治 8 年（1870 年）	事略（行事）		1. 新淡水廳同知陳培桂抵任，不久有議修《淡水廳志》之舉，遣使幣聘吳子光主修廳志。 2. 陳培桂譽吳子光是「班孟堅，范蔚宗後又得替人」（〈寄徐次岳孝廉書〉），譽為天下奇士。
	詩文創作	詩	
		文	〈答香根先生書〉共五書。
	備註		呂炳南新建「文英書院」於岸裡社側又組織文英社，社內並設文昌祠。
	參考文獻		《吳子光全書（下）・一肚皮集》卷 2。

紀　年	年　齡	先生 52 歲	
同治 9 年 （1870 年）	事略 （行事）	1. 陳培桂遣人致贈先生刻貲三百金。 2. 《淡水廳志》開局採訪，台灣鎮總兵楊再元力薦楊浚與修，後因當局限六月要成書，已違吳子光原先三年方成一家言的規劃，遂退出志局，仍私撰有《淡水廳志擬稿》，以示己志。 3. 吳子光原擬進京會試，不意目疾、牙疾病發，遂不果行。 4. 10 月楊浚纂輯《淡水廳志》完稿。	
	詩文 創作	詩	
		文	〈陳香根司馬六十壽文〉、〈候補訓導邑庠生呂君傳〉、〈太陽星君祀序〉、〈病與家以讓（士敬）孝廉乞人葭啟〉、〈病愈復書〉、〈記陳侯助葬〉（《一肚皮集》卷 17）。
	備註	呂炳南至福州應鄉試，乘舟東歸，遇颶風，不幸溺斃，作〈候補訓導邑庠生呂君傳〉。	
	參考文獻	《吳子光全書（下）‧一肚皮集》卷 17。	
紀　年	年　齡	先生 53 歲	
同治 10 年 （1871 年）	事略 （行事）	1. 先生獻明德馨香匾予葫蘆墩慈濟宮。 2. 大社長老教會創立。英國長老教會牧師甘為霖謁見吳子光，免冠施禮。 3. 《淡水廳志》梓行，先生列為「採訪」。 4. 先生硯席畏友宋蒸謙（薦郊）會試不第，而大挑考取，分發知縣。	
	詩文 創作	詩	
		文	
	備註	牡丹社事件起。	
	參考文獻		
紀　年	年　齡	先生 54 歲	
同治 11 年 （1872 年）	事略 （行事）		
	詩文 創作	詩	
		文	
	備註	王松偕其父登瀛訪吳士敬（吳子光族人）。	
	參考文獻		

紀　年	年　齡	先生 55 歲	
同治 12 年 （1873 年）	事略 （行事）	1. 先生門人劉翱因病應鄉試不果。 2. 先生寓竹塹彭氏「育英齋」（彭殿珍從之遊）至同治 13 年。 3. 先生友人丘龍章移館至三角莊魏家，丘逢甲隨之並師事吳子光。	
	詩文 創作	詩	
		文	
	備註		
	參考文獻		
紀　年	年　齡	先生 56 歲	
同治 13 年 （1874 年）	事略 （行事）		
	詩文 創作	詩	
		文	1. 為劉翱母朱氏作〈朱太宜人壽序〉。 2.〈寄家以讓孝廉書〉（吳士敬）、〈關聖帝君祀典序〉、〈募修新埔街文昌祠疏〉（六經廿一史）、〈臺事紀略〉、〈氏族考〉上中下三篇。
	備註		1. 沈葆楨來台，開山撫番。 2. 牡丹社事件後，日本以調查番情為由，進兵台灣，清廷派船政大臣沈葆楨抵台，相機籌辦防務。
	參考文獻		《吳子光全書（上）·經餘雜錄》卷 11、《吳子光全書（下）·一肚皮集》卷 18。
紀　年	年　齡	先生 57 歲	
光緒元年 （1875 年）	事略 （行事）	1. 謝道隆以第五名入府學。 2. 雙峯草堂籌建。 3.《一肚皮集》刊刻時間未定，因集中有晚於光緒元年的作品，如〈雙峰嶺望祀記〉、〈雙峰草堂竈神記〉皆作於作於光緒 2 年。是故，《一肚皮集》確切刊刻時間不必然是《一肚皮集·敘》寫定之光緒初元。	
	詩文 創作	詩	
		文	1.《一肚皮集·敘》（即《芸閣山人》之〈坦蕩蕩齋文集序〉）。 2.〈呈諸當事書〉、〈擬杜牧之罪〉。
	備註		
	參考文獻		《吳子光全書（下）·一肚皮集》卷 3、《吳子光全書（上）·經餘雜錄》卷 11。

紀　年	年　齡		先生 58 歲
光緒 2 年 （1876 年）	事略 （行事）		1. 受淡水同知陳星聚之資助，欲往福州參加會試，可惜受阻於颱風未能成行。 2. 吳子光受聘於「文英書院」。 3. 吳子光建雙峰草堂已先初成。孫壽椿亡。
	詩文 創作	詩	
		文	1. 〈愧忙編序〉收入《《芸閣山人集》》和《一肚皮集》卷 6〈滬尾舟中候風記〉大同小異。 2. 〈雙峰嶺望祀記〉、〈雙峰草堂竈神記〉、〈募建九苙林文祠緣傳序〉、〈募建九苙林街文祠疏〉、〈募建貓裡文祠疏〉。 3. 〈覆吳霽軒提軍書〉、〈讀韓文公進學解書後〉（〈書進學解後〉）。
	備註		
	參考文獻		《吳子光全書（下）·一肚皮集》卷 6、卷 3；《吳子光全書（上）·芸閣山人集》；《吳子光全書（上）·經餘雜錄》卷 4。
紀　年	年　齡		先生 59 歲
光緒 3 年 （1877 年）	事略 （行事）		1. 先生擔任「文英書院」講座。 2. 先生設館於岸裡社文祠內。
	詩文 創作	詩	
		文	1. 〈芸閣山人別傳〉、〈義門呂氏厚贈記〉、〈岸社文祠學舍記〉。 2. 〈代撰王族祭戀昭贈公文〉、〈題王貯公像（有引）〉、〈答芷香居士書〉。 3. 〈與林處士囑改園中額字書〉（《一肚皮集》卷 9〈名實須副說〉，與該文大同小異）、〈與陳瘦嵐論時文書〉。
	備註		
	參考文獻		《吳子光全書（下）·一肚皮集》、《吳子光全書（上）·經餘雜錄》、《吳子光全書（上）·小草拾遺》。
紀　年	年　齡		先生 60 歲
光緒 4 年 （1878 年）	事略 （行事）		1. 吳子光坐館「筱雲山莊」負責呂汝玉、汝修、汝成的知識教授與道德教育，此期間丘逢甲、謝道隆、傅于天等，亦與呂家時相往來，並同受吳子光的指導。 2. 吳子光 60 大壽，呂氏昆仲為其舉行祝壽之禮。
	詩文 創作	詩	
		文	1. 〈小齋記事〉、〈預定遺囑〉、〈預定祭處士文〉、〈諛墓文〉。 2. 〈古硯記〉、〈論文數則〉、〈肖巖草堂記〉、〈書禮記檀弓篇末〉。 3. 〈筱雲軒記〉、〈筱雲山莊雅集序〉。

	備註		
	參考文獻		《吳子光全書（下）‧一肚皮集》、《吳子光全書（上）‧經餘雜錄》。
紀　年	年　齡		先生 61 歲
光緒 5 年 （1879 年）	事略 （行事）		
	詩文 創作	詩	
		文	1.〈天道福善禍淫後說〉、〈筱雲軒藏書記〉、〈學然後知不足〉。 2.〈文英社梓隆親君會序〉、〈經餘雜錄序〉、〈小草拾遺序〉、〈求田問舍記〉。
	備註		
	參考文獻		《吳子光全書（下）‧一肚皮集》、《吳子光全書（上）‧經餘雜錄》。
紀　年	年　齡		先生 62 歲
光緒 6 年 （1880 年）	事略 （行事）		
	詩文 創作	詩	
		文	〈三長贅筆序〉、〈游太孺人五十壽文〉。
	備註		
	參考文獻		《吳子光全書（中）‧三長贅筆》、《吳子光全書（上）‧經餘雜錄》。
紀　年	年　齡		先生 63 歲
光緒 7 年 （1881 年）	事略 （行事）		吳子光妻陳氏 60 大壽。陳氏來歸時，吳家已陷困境，幸得陳氏撐持家計，奉養祖母及雙親，先生感念其德，對其敬重有加，視為東坡佳婦。
	詩文 創作	詩	
		文	〈壽室人六十文〉、〈治大甲溪議〉。
	備註		邱龍章、逢甲父子，呂氏昆仲，傅于天等人應學院試，南遊臺灣府城。
	參考文獻		《吳子光全書（上）‧經餘雜錄》。

紀　　年	年　　齡		先生 64 歲
光緒 8 年 （1882 年）	事略 （行事）		苗栗林際春、陳萬青於苗栗街建文昌祠，先生撰〈募建貓裡文祠疏〉一文。
	詩文 創作	詩	
		文	〈募建貓裡文祠疏〉。
	備註		
	參考文獻		《吳子光全書（上）‧芸閣山人集》。
紀　　年	年　　齡		先生 65 歲
光緒 9 年 （1883 年）	事略 （行事）		吳子光歿，享年 65 歲。
	詩文 創作	詩	
		文	
	備註		
	參考文獻		

本表參考資料：

1. 陳炎正編〈吳子光先生年譜〉，收入王國璠編輯：《吳子光全書（下）‧一肚皮集》，臺北：中華民國臺灣史蹟研究中心，1979 年 6 月。

2. 本表詩文出處另參酌《吳子光全書（上）‧經餘雜錄》、《吳子光全書（上）‧芸閣山人集》、《吳子光全書（上）‧小草拾遺》；《吳子光全書（中）‧三長贅筆》；《吳子光全書（下）‧一肚皮集》

3. 鄭喜夫：〈吳芸閣先生年譜初稿（一）〉，《臺灣風物》31 卷 1〜3 期，1981 年 3 月。

4. 鄭喜夫：〈吳芸閣先生年譜初稿（二）〉，《臺灣風物》31 卷 2 期，1981 年 6 月。

5. 鄭喜夫：〈吳芸閣先生年譜初稿（三）〉，《臺灣風物》31 卷 3 期，1981 年 9 月。

6. 鄭喜夫：〈吳芸閣先生年譜初稿（四）〉，《臺灣風物》32 卷 1 期，1982 年 3 月。

7. 鄭喜夫：〈吳芸閣先生年譜初稿（五）〉，《臺灣風物》32 卷 2 期，1982 年 6 月。

附錄二、吳子光文學觀輯彙

一、古文創作觀

主題	古文創作觀	
編碼	文章內容	篇名及出處
1	辭賦語不宜入文，前人有是說。……夫文辭工麗，莫如六朝，即蕪穢亦莫如六朝。何義門謂傅季友亮為四六之祖，不知班孟堅、孔北海薦是諸疏，已略存其式。大約此體以駢儷為正宗。	〈附論文數則〉，《一肚皮集（一）》，卷 1，頁 36～37。
2	理障語不宜入文，前人有是說。按說理之書，以《論語》為第一，坦白易曉，群賢不能出其範圍，《學》、《庸》以落第二義矣。荀子言性惡，意主偏勝者，物論。若韓子性有三品之說，實本宣聖性相近，習相遠，上至下愚不移之意，而推闡之，理澈而義完，淺學不能道一字。此外，言性鮮有不墮魔障者。張子〈西銘〉、周子《通書》，精微奧博，予窮年探索，茫然不得其指歸，真釋家所嗤鈍根者也。吾謂道在倫日用間，但察識擴充，以考聖賢之成法，究理道之當然，使事是真實而無妄，即性理即學問也。若故為艱深元遠之說，反覆數千百言，強立門戶，是以性理當禪矣。夫道豈在空言哉？	〈附論文數則〉，《一肚皮集（一）》，卷 1，頁 33～34。
3	禪語不宜入文，前人有是說。果爾，則內典諸編，猶著錄在史書，何耶？今讀唐宋諸家文集，惟昌黎性不喜拂法，故集中無一字放過，廬陵復燃，此真兩廡門庭中人也。予性近香山一派，愛佛而不佞佛，偶涉莊老家言，見其詞旨元遠，不落功利，恒蹊是之取爾，亦由結習使然。或作小文猶可，若論文章正規，自有吾儒真風格存焉，奚煩問道於盲夫也。	〈附論文數則〉，《一肚皮集（一）》，卷 1，頁 32～33。

4	諧語不宜入文，前人有是說。果爾，則《史記·滑稽傳》，可援刪詩之例，以刪之矣。……讀《五代史·孫晟傳》，知狗屎可入史書，而不厭其臭；讀嵇康〈與山巨源書〉之小便可入簡牘，而不嫌其褻。東坡嬉笑怒罵，皆成文章，語見本傳，何遊戲之足嗤？	〈附論文數則〉，《一肚皮集（一）》，卷1，頁34～35。
5	文章須自成一家風，前人有是說。夫文推韓詩，詩推杜，固也。然使執筆時無刻無一韓一杜留于心目中，將實己身何地是？尚足與言家數耶？	〈附論文數則〉，《一肚皮集（一）》，卷1，頁37～38。
6	文章家數最多，古文尚矣。猶有時文一種，乃功令所頒，士人初挾以為干祿之具者也。未嘗無矩矱存焉。前明與國初諸名家佳篇林立，雖約六經之旨以成文，難繼昌黎家法，然學有根柢，辭無枝葉，使人不敢作時藝觀。	〈附論文數則〉，《一肚皮集（一）》，卷1，頁39。
7	西京尚辭賦，《漢書·藝文志》言司馬遷賦八篇，今不傳，傳者惟《史記》，然此書已足千古矣。……揚子云：詩人之賦麗以則，辭人之賦麗以淫。	〈附論文數則〉，《一肚皮集（一）》，卷1，頁40。
8	余生平以文章視性命，不以存歿視性命。齠齔時為句讀之學，勹象時為制舉之學，稍長則涉獵於古文、經、史、諸子百家，以及稗官小說，無不含英咀華。以供作文之用。古文不拘一格亦不名一家，……論贊法龍門，魏晉非吾師也。記叙點鈔胥，徐庾不足學也。忽斂忽縱，忽正忽奇，忽斷忽續，忽翻空忽徵實，而《文心雕龍》五十篇皆我註腳，而虞初諸志九百家與為取資。迎而距之，平心而察之，有得力處，有擅場處，亦未嘗無紕繆處，文章千古事，得失寸心知，老杜先得我心之所同然矣。若謂因文見道，則吾豈敢。兩晉當風流，南宋尚理學，一流為放蕩，一失之迂拘，勢已積重難返，余則不夷不惠，可否之間，兩廡中即無吾輩坐位庸何傷？……余遊色界天中，摯之折之如漆雕開略見大意，亦未嘗煦煦孑孑墮入道學腐氣中。	〈答客問〉，《吳子光全書（下）·一肚皮集》，卷2，頁90～91。
9	文章非有腔調可摹擬，壽陵餘子曾學邯鄲步矣，為莊周所譏。古人如僧虔用典，義山獺祭，皆以心花結撰之，才情貫輸之，故成一家風骨，然較之龍門疏宕處，永為古文正鵠者，又次耳。	〈答客問〉，《吳子光全書（下）·一肚皮集》，卷2，頁99。
10	韓、柳兩家文，句奇輕重，妥帖排奡，非他家所及，執筆追之，又無軌轍可尋，蓋古文縝密處易學，遒宕處難學，抑揚頓挫，變化錯綜處尤難學，難學而又不可不學。吳冠山先生謂：「駢體文難學而易工，散行文易學而難工」，亦此意也。惟深於古文者知之。	〈答客問〉，《吳子光全書（下）·一肚皮集》，卷2，頁99～100。

| 11 | 作文最苦亦最樂，苦者一縷心精，搗幽鑿險，勢必竭才而後止，如左思〈三都賦〉門庭藩溷皆著紙筆；王維構思，走入醋甕，為文傷之說，想亦有理。夫文到神來興來之後，筆歌墨舞，顛到淋漓，稿脫而纍塊盡消矣。 | 〈答客問〉，《吳子光全書（下）・一肚皮集》，卷2，頁100～101。 |
| 12 | 時文與古文界限判若鴻溝，然脈理未嘗不一，但時文空套子較多，近日制舉文字剽竊焉而已，粉飾焉而已，至使讀書真種子，此道不絕如線，不知文無定體，唯其是耳。若道人不解即心即佛，真是騎驢覓驢，禪理文心，豈有異道哉？ | 〈答客問〉，《吳子光全書（下）・一肚皮集》，卷2，頁101。 |

二、古文審美觀

主題	古文審美觀	
編碼	文章內容	篇名及出處
1	古文氣韻最耐尋味亦最難尋味，香中別有韻，前人云爾。夫香可聞也，韻則挹之已耳，亦猶聲音本合，然聲可聽也，音則尋之已耳。書畫亦然，所難獨在氣韻，南齊謝赫論畫如此，李卓吾畫筆化工之辨亦如此。	〈答客問〉，《吳子光全書（下）・一肚皮集》，卷2，頁101～102。
2	生峭之色，奧衍之詞，奇而不詭於正，比之段成式《酉陽雜俎》、范石湖《驂鸞錄》似高一籌，真小品中大手筆也。所惜遭時不偶，兀兀成稗官一家言耳。嗟乎！鬼狐非人類也，獨懷才者相與結不解之緣，進退而呵叱之何哉？宇宙間怪怪奇奇多匪夷所思，而一二文人筆力足以達其所見，箋妖弔詭，遂釀為瑰奇恣肆之文，豈非史家流派乎？	〈書聊齋志異後〉，《吳子光全書（上）・經餘雜錄》，卷4，「書後題跋類」，頁248。
3	間嘗竊取諸家之意以立言：論辦宜拗折忌晦悶，當師蘇式；記序宜猶近，忌繁冗，當師柳與王；碑銘紀傳宜端莊流麗，忌平庸膚廓，當師韓與歐；書志不拘一格，其達于意理而止，當師南豐。八家有無數佳文，在人深思而自得之耳。 總之，文無定體，最惡剿說雷同，平衍散漫，言之無味，聽者倦勤，類陳式子頭觸屏風氣概，吾甯死不願子弟有此風也。	〈與陳瘦嵐論古文書〉，《吳子光全書（下）・一肚皮集》，卷3，頁184～186。
4	山人一生窮于橐不窮于文，第文章非數典之難而持論之難，持論亦非難，惟氣味色澤合于古而無摹古之迹為難。	〈寄徐次岳孝廉書〉，《吳子光全書（下）・一肚皮集》，卷3，頁159～161。

| 5 | 　各傳著墨無多，已將經學源流、師法授受剖析無遺，即諸家遊宦行踪，人品行事得失，俱一一和盤託出，可知文以理為主，亦貴有風骨、有氣機與體裁，樸而老，簡而明，不徒以才藻富麗為能事也，兼此者其惟太史公乎？扶風甘拜下風矣。 | 《讀史記偶得》，《吳子光全書（中）‧三長贅筆》，卷4，〈儒林傳〉條，頁267～268。 |
| 6 | 　太史公周覽名山大川與燕、趙間豪傑交遊，故其文疏蕩有奇氣，此二子者曷嘗執筆學為如此之文哉？其氣充乎其中而溢乎其外，見乎其言而動于其文而不自知也。又言文者氣之所形，文可以學而能，氣不可以強而致云云。 | 《讀史記偶得》，《吳子光全書（中）‧三長贅筆》，卷4，〈蘇氏餘論〉條，頁305。 |

附錄三、吳子光經世／史論相關主題
分類

主題	文章報國	
編碼	文章內容	篇名及出處
1	歲丙子，屆會試期，已束裝就道矣，為海上罡風所勒，商舶杳然，不得已告歸去來。是山人終身未至燕臺，與四海九州之士一試薄技，以榮詞館。自維謭陋，經史之學勿論矣，即一波、一磔、一切、一翻，亦窮流溯源，何嘗鹵莽滅裂、重為漆園史所笑？此固可自信亦可共信者也。乃半世讀書，欲少伸其文章報國之志而不可得；前則自誤，後則奸人誤，固命之窮、非才之罪，亦司桂籍談陰隲者之深憂也。	〈芸閣山人別傳〉，《吳子光全書（下）·一肚皮集》，卷5，頁336。
2	余畢生數奇，強仕以前，硯田歉欠，臣朔飢欲死者數數矣。幸蔗境餘甘，稍有顧虎頭風味，僅得免于飢寒耳。惟是久離桑梓，日逐逐於天風海濤之鄉，迄無甯晷。……豈知余固非富貴中人乎？然則如何而可，遣悶無他術，總之不出乎讀書者近是。思報國恩，獨惟文章。故余于此道決不敢作一門外漢語，不惟不敢亦不暇，爰倣昔人著述諸筆法，將數十年之行藏交際哀成一編，其餘遭逢願以俟諸異日，特未識蒼蒼者之位置吳子處，果居何等耳。	〈答客問〉，《吳子光全書（下）·一肚皮集》，卷2，頁97。
3	弟自赴舉歸來，硯田�口，名流處世祇是不夷不惠可否之間，一切富貴利達于胸中早無罣礙，只文字舊業，壯心千里，猶有王處仲唾壺風味。至于紀傳一種卓然成一家言，若就庸耳俗目而論，尚未有可為鄙人師者語曰：「家有敝帚，享之千金」，然與否與？惟是卅年作客，墨突不黔，又承諸當道謬相引重，屈史筆以供志乘之役，馬班歐陽有志未逮，文章報國徒託空言。	〈寄宋薦郊明府書〉，《吳子光全書（下）·一肚皮集》，卷3，頁156～157。

4	余雖才非班掾，勒石燕然，銘大漢功德於不朽；亦當援柳州平淮夷雅事例，謹製鐃歌十二曲以紀其盛。所謂思報國恩獨惟文章，魚魚雅雅，何遽出古人下乎？	〈臺事紀略〉，《吳子光全書（下）‧一肚皮集》，卷16，頁1086。
5	總之，舉大事、動大眾，固不當有急功近利之見，尤不可無遠撫長馭之圖。蓋他處患民稠地窄，此邦患土曠人稀，兼之奇峰邃谷，形勢嶄絕，生番處處盤踞為民害，非更得十數萬眾，相與劃界而守、分壤而治，縱鑿空動符博望，恐亦難策後效，以收開闢之功！又事宜速、不宜遲，文移往返，動踰旬月，況此事非入告不可行。變通期於宜民，千慮庶幾一得，是亦蕘蕘之遺、涓埃之補也。光粵嶠儒生，躬逢郅治。文章報國，已慚具體而微；樽俎折衝，尤屬有志未逮。緣事關海疆重務，管窺蠡測，是否有當云云。	〈呈諸當事書〉，《吳子光全書（下）‧一肚皮集》，卷3，頁117。

主題	儒學／教、佛學／教、道教、耶教	
編碼	文章內容	篇名及出處
1	按陰隲二字之義。陰，默也；隲，定也。言天默定下民形性耳，余謂：天道無私，總之，不出乎福善禍淫者近是，惟人一心嚮善，以馴致于念念皆善，則神在是，文章在是，即福在是，讀書真種子，舍斯人其誰與歸，所謂明德惟馨也，是說也，吾以質星君且以質世之崇奉星君而昧于陰隲之原者。 祀典二字本《禮經‧祭法》，若曰社曰會則不典矣。	〈文昌帝君祀典序〉，《吳子光全書（下）‧一肚皮集》，卷18，頁1207～1208。
2	聖賢道理不在倫常之外，人謂卑之無甚高論也，乃舍其易知簡能者而別求一高遠難行者，於是道遂入于魔障中而不自知。	〈匡章不孝論上〉，《吳子光全書（上）‧經餘雜錄》，卷10，頁593。
3	天下豈有神仙，盡妖妄耳；漢武帝悟道之言也。佛者，九流之一家耳；高謙之持平之論也。若乃金身丈六，道德五千，耶穌轉身毒之輪，菩薩以兒童為號，孰非咄咄怪事哉！淡水開闢百餘年矣，民安其業、士篤於學，前此仙才、羽客，曠世無儔，甚盛事也。必求其人以實之，則請以亡是公、烏有先生之說進。	〈仙釋〉，《吳子光全書（下）‧一肚皮集》，卷18，頁1163。
4	嘗考志乘云：閩王延鈞度三萬人為僧。僧之盛，推閩中第一；豈神靈果式憑哉？由風氣所趨故爾。昔崔浩不信佛法，曰：何為事此胡神？故元魏盡誅沙門，毀諸佛像塔廟，至無孑遺。唐武宗時，天下所拆寺四千六百餘所，還俗僧尼二十	〈佛寺〉，《吳子光全書（下）‧一肚皮集》，卷18頁，1179。

	六萬五百人，拆招提、蘭若四萬餘所。周世宗即位，明年，廢天下佛寺三千三百三十六，毀佛像鑄錢；蓋古佛像皆範銅為之，最下亦以鐵，非若今世木雕、泥塑、塗金為也。又周武氏垂拱中，河南巡撫大使狄仁傑奏毀淫祠計共一千七百餘所，獨留夏禹、吳太伯、季札、伍員四祠。今梁公尚存檄告西楚霸王文一篇，人爭傳誦。攷閩中有寺，起於晉太康元間，至唐有二百六十七寺、宋則有千六百二十五寺，寺多故僧多。福田所在，諸檀越不惜竭頂踵以奉之，亦世俗之常，無足怪者。今臺地寺觀寥寥，僅存香火之緣於一線，此正學昌明之兆，當亦傅太史、韓吏部諸公聞之而心慰者哉。	
5	封禪書八神，有天主之目，然中國從無以天主堂立教者；其作俑自利瑪竇始，今之西法為其所授。余嘗以攝騰、竺法蘭比之，蓋白馬馱經實始漢明帝，而大秦鳩摩羅什遠在後代，史書可證也。 　　夷立教，奉耶穌為宗主，又與天主教異。余粗閱其書，多言因果事，略似釋家天堂地獄之說。耶穌源流不可考，若佛則約略可言。按暴秦時，沙門室利房等至，始皇囚之，夜有金人破戶以出。漢武帝時，霍去病過焉支山，得祭天金人以歸，帝置之甘泉宮；金人者，浮屠所祠，今佛像即其遺法也。哀帝時，博士弟子秦景使伊存口授浮屠經以至，未之信。逮明帝夜夢金人飛行殿庭，以問於朝，傅毅對曰：『天竺國有佛，即神也』。帝遣中郎蔡愔及秦景使天竺求之，得佛經四十二章、釋迦立像，并與沙門攝騰、竺法蘭東還。以是考之，則利瑪竇如暴秦室利房之流，若攝騰、竺法蘭，朝代相去遠矣。 　　臺地多巫覡，卻少女冠子一流，蓋齋魚粥鼓、冷雨孤燈，非有根器者消受不得清涼世界耳。近日文教覃敷，敦崇節義，遂有懷芳履潔如秦良玉之拔刀斷袖者矣、慷慨激昂如曹令女之截鼻誓心者矣。傭中狡狡、鐵中錚錚，此事不僅在魯男子也。	〈臺事紀略〉，《吳子光全書（下）‧一肚皮集》，卷16，頁1085～1089。
6	天無窮而鬼有窮，窮至於鬼，極矣！不意士之窮直追鬼之踪且駕而軼乎其上，于是窮鬼、窮士二者，如膠漆之相合而堅不解，此山人窮鬼文所為作也。 　　韓十八一生闢佛，以文窮、智窮、學窮、命窮、交窮分作五窮鬼，儒林誦之。註家引李石之曰：「退之以長慶四年寢疾，帝遣神召之曰：『骨鯁國世與韓氏相仇欲同力討之，傷哉！』」窮鬼之流弊一至此極耶，且夫窮鬼生何世？沒何年？住居果何遠邇？流品果何貞邪與？吾不得知，大約鬼方則其部落也，鬼侯則其酋長，統率怯薛谷蠡之類也。其悲嘯叫號宛轉依戀于寒士之廬，忍而與此終。古則三生石上或有緣法存乎其間也，窮鬼之于人甚矣哉！因之揚雄辭〈逐貧賦〉，唐	〈窮鬼說〉，《吳子光全書（下）‧一肚皮集》，卷9，頁587～589。

	子西有〈留窮辭〉，段成式有〈留窮詞〉又有〈送窮詞〉，皆寓言之類耳。 　嘻！鬼非可以迹相求也，鬼而窮更難以言語形容矣！以彼餐風吸露，日與蒼蒼者嬉遊于四荒之中，而淡然無累已自處于不窮矣！乃窮鬼者流顧藉藉人口弗衰何耶？甚至聲施赫奕一時，路鬼不惟弗之畏，反人從而揶揄之者又何耶？ 　嗟乎！士苟有志於聖賢之學者，其必自人鬼關頭始矣，于身之窮通奚恤焉！夫貧也非病，則見家語；貧也非慼，則見莊子。先正格言圇合人道、鬼道而一之者也，後之覽者亦將有感于斯文。	
7	右所記皆番本俗。自言結繩以來，皆遵守不變。因同治中，英夷航海至者，以耶穌之說聒群番，番大悅，遂將神主斧以斯之，竟至廢祀。按此事與辛有適伊川相反，其法七日一會講堂頌書，書中所載多因果事，而嗜者甚眾云。	〈紀番社風俗共二十一條〉，《吳子光全書（下）·一肚皮集》，卷17，頁1119。

主題	理番、鴉片（阿芙蓉）	
編碼	文章內容	篇名及出處
1	余謂今世洋藥比于方士金丹尤毒，至尊與顯宦十數人已耳；惟洋藥毒流海內，害却多少身命！謹厚者亦復為之。余賦性通脫，偏于洋藥一種，斯須不能去身，此與劉邕之嗜瘡痂何異！	《吳子光全書（上）·經餘雜錄》，卷6，「詞林典實類」，「服餌」條，頁338。
2	《臺灣通史》：「子光雅愛古人，又嗜阿芙蓉，擁書讀，自以為樂。」	連橫：《臺灣通史·流寓列傳》，臺灣文獻叢刊第128種，卷34，列傳六「吳子光」，頁983。
3	吳子光：「紅毛彝以製造鴉片烟，而海內貧。此藥如鳥喙天雄，損却無數身家性命，謹厚者亦復為之，緣此君善說法，風味不減玉版禪師故爾！」	〈答客問〉，《吳子光全書（下）·一肚皮集》，卷2，頁92。

主題	史學：才、學、識	
編碼	文章內容	篇名及出處
1	考據與辭章是兩事亦是一事，非才識卓絕又能盡讀古人之書而得其要領者，未足與語此。不然賈公彥、孔穎達諸公於學無所不窺矣，然後人猶有遺言者何也？本朝文士喜言考據，雖所得有深淺皆賈、鄭門庭中人，大約考據之學引證不難，難其明晰；淹博不難，難其斷制。此樹人中丞評余文云爾。夫所謂斷制者即《史通》才學識之說也，雖有不及，不敢不勉。	〈考・序言〉，《吳子光全書（下）・一肚皮集》，卷13，頁789。
2	至接來書，深以北上不果行為惜，謂山人有良史才，是役也。着鞭一躍，撞破煙樓，臚唱日，太史當奏五色雲見，將出一枝史筆從事於纂修之列矣。大雅茫茫，藉先生一出，為詞館生色，與宿學吐氣，士林宜何如歡忭也。孰知廢由半塗；所謂科因一士關輕重，曷勝浩歎云。	〈答薩雁南書〉，《吳子光全書（下）・一肚皮集》，卷3，頁191。
3	計山人六歲就傅，在家讀書十四年。此後雪泥鴻爪，作客之日為多。所居者苦縣，所對者畏壘，所遭逢者多裋褐子與中山狼諸家。其筋骨皆勞劇之餘，其學識皆閱歷之後，其功名得自心灰蔗老之際，其品誼鍊於攻苦食淡之中；迄今痛定思痛，未嘗不歎。	〈芸閣山人別傳〉，《吳子光全書（下）・一肚皮集》，卷5，頁336～337。
4	夫《春秋》所以教忠，一字之褒貶，千秋之紀綱繫焉。今乃黨同伐異，所好則德邁羲農，所惡則惡甚桀紂。異論起於詞林，直筆淪於草莽，而南董專門之學遂至墜絕。 　　朱子熹生於數百載之後，本道學而發為文章，蒐諸史學之瓊詞成一家之傑作，存天理，立民彝，上繼麟經一脈，豈非千古世道人心一大關鍵哉！ 　　史學尚矣，至于辭章一道，雖曰無關體要，然名流之筆札即史家之流派，比事屬辭，顧名思義焉，可誣也。」	〈史論五〉，《吳子光全書（上）・經餘雜錄》，卷9，「論辨類」，頁571～572。

主題	論史宜恕	
編碼	文章內容	篇名及出處
1	古今人，才兼理學經濟文章而一之者絕少，能兼者惟餘姚王文成公乎！今史遷有仲尼弟子列傳，聖門中則子路、冉求、樊遲、有若能知兵，事見《左傳》。閩、關、濂、洛以理學著，固卓然聖賢之徒矣。攷兩廡人物，惟韓范經略西夏，材兼將相耳，其他無聞焉。王公講學摘取孟子良知立說，不過使人認識心體而已，何嘗教人耽禪寂之味，標赤幟以立門	〈陽明禪學辨上〉，《吳子光全書（上）・經餘雜錄》，卷10，「論辨類」，頁635～638。

	戶哉！夫道在人倫日用之間，不在先天无極之初，求道在身體力行之際，不在語言文字之末，俗儒乃襲秦客廋詞，詆之為禪可乎？況禪學尤未易言也，其指高遠，其意理精微而奧博，非能外形骸以自勝，識道理聰明如大顛者，欲索解心不可得。……！今俗儒喜人言仁愛而不喜人言慈悲，喜人言淡泊而不喜人言清淨何也？夫難得者人材，理學難、經濟難、文章難，兼理學經濟文章而一之尤難。　　吾師云：「持躬宜恕，論古更宜恕。」故尚論古人每為設身處地，將底裡和盤託出，昔人謂：「文章可徵人品，觀此益信」呂虜虞識	
2	作史論史評者，動稱簡策中無全才，書生習氣，磨宋、元至今如一日。……吾謂持躬宜恕，論古更宜恕，豈辭章之學大言欺人？僅口過可比哉！	〈東萊博議〉，《吳子光全書（中）・三長贅筆》，卷1，《讀《公》《穀》內外傳偶得》，頁58。
3	史家謂雖不屈而死，非其志也，未免過于深文，大抵死事之臣，作史者甯恕毋刻。彼已拚一命以相示，吾何靳一字以相與耶！	《讀諸史偶得》，《吳子光全書（中）・三長贅筆》，卷12，〈史筆太苛〉條，頁752。
4	今史論傷於深文者，殊失忠恕之道。	〈《春秋》責備賢者說〉，《吳子光全書（下）・一肚皮集》，卷8，頁513。

附錄四、《臺灣紀事》編錄自《一肚皮集》之篇章

臺灣文獻叢刊第三十六種		編錄自《一肚皮集》	《吳子光全書（下）・一肚皮集》頁數
卷次	《臺灣記事》		
卷一	〈紀臺地怪異〉共十一條	卷十六「紀事」	1043
	〈紀諸山形勝〉共二十一條		1055
	〈紀臺中物產〉（〈紀臺地物產〉）共七條		1073
	〈臺事紀略〉共十五條		1085
	〈紀臺地盂蘭會〉	卷十七「紀事」	1101
	〈紀番社風俗〉共二十一條		1103
	〈鄭事紀略〉		1121
卷二	〈淡水義渡記〉	卷六「記」	355
	〈岸社文祠學舍記〉		367
	〈滬尾紅毛樓記〉		379
	〈竹塹建城後記〉		391
	〈重建新埔街文昌祠記〉		403
	〈遊大隘諸山記〉	卷七「記」	423
	〈金廣福大隘記〉		435
	〈雙峰草堂記（一）〉		443
	〈雙峰草堂記（二）〉		447

附錄一	〈郡庠生星南吳先生傳〉	卷四「傳」	199
	〈候補訓導邑庠生呂公傳〉		255
	〈奉旨建坊入祀昭忠祠贈忠信校尉羅公傳〉		265
	〈直隸州知州銜賞戴藍翎甲午科舉人修堂劉公傳〉	卷五「傳」	277
	〈國子生運湖謝君家傳〉		281
	〈醫者許一壺傳〉		291
附錄二	〈與當事書〉	卷二「書」	71
	〈呈諸當事書〉	卷三「書」	111
	〈臺地設頭人說〉	卷八「說」	537
	〈臺地設屯政說〉		539
	〈臺地籌積貯說〉		541
附錄三	〈淡水廳志擬稿〉（吳子曰：此編自禦番起至臺俗止，長短共十餘條，皆所擬志稿也，故附於修志試筆之後云。）	卷十八「序」	1167～1194
附錄四	〈先大父禹甫公家傳（大母附）〉	卷四「傳」	221
	〈先伯父熊生公家傳〉		227
	〈先考守堂公家傳〉		233
	〈先妣太孺人家傳〉		247
	〈芸閣山人別傳〉	卷五「傳」	325
	〈一肚皮集敘〉	《一肚皮集》共十八卷總錄前自序	

附錄五、《臺灣紀事》出版一覽表

編號	書　名	〔清〕吳子光：《臺灣紀事》		
	叢刊名	出版社	出版時間	備　註
1	臺灣文獻叢刊第三十六種	臺灣銀行經濟研究室（臺北市）	1959	臺灣銀行經濟研究室將《一肚皮集》中有關記載臺地之事者，合為《臺灣紀事》二卷。
2	臺灣文獻叢刊第一輯	眾文圖書股份出版有限公司（臺北市）	1979	吳子光（1819～1883）《臺灣紀事》、丁紹儀（？～？）《東瀛識略》、唐贊袞（？～？）《臺陽見聞錄》附在朱景英（？～？）《海東札記》一書，合為臺灣文獻叢刊第一輯，所據版本為臺灣銀行經濟研究室之臺灣文獻叢刊。
3	中國方志叢書臺灣地區第五四號	成文出版社（臺北市）	1983	依據清光緒元年雙峯草堂自刊本及民四十八年臺灣文獻叢刊排印本影印《臺灣紀事》二卷
4	臺灣歷史文獻叢刊地理類	臺灣省文獻委員會（南投市）	1996	臺灣省文獻委員會據臺灣銀行經濟研究室臺灣文獻叢刊重新勘印
5	臺灣文獻史料叢刊第七輯	大通出版社（臺北市）	1987	林豪（1831～1918）《東瀛紀事》、董天工（？～？）《臺海見聞錄》附丁紹儀（？～？）《東瀛識略》一書，合為臺灣文獻史料叢刊第七輯，所據版本為臺灣銀行經濟研究室之臺灣文獻叢刊。

附錄六、《一肚皮集》版本流傳一覽表

編號	書　名		〔清〕吳子光《一肚皮集》		
	叢刊名	社會科學學門分類	出版社／地	出版時間	備　註
1	修	史學 經學 文學	筱雲山莊（臺中市神崗）	1875（清光緒元年）	由吳子光門人呂汝玉（1851～1925）、呂汝修（1855～1889）兄弟據稿本刊刻，是為雙峯草堂自刊本。
2		史學 經學 文學	臺灣史蹟研究中心（臺北市）	1979	神崗、豐原地區資深文史工作者陳炎正先生，機緣下偶得呂氏筱雲山莊所秘藏之吳子光之全部著作手稿，後將此稿本交讓於王國璠在臺灣史蹟研究中心影印刊行，名為《吳子光全書》，分上、中、下三大冊，《一肚皮集》為第三冊《吳子光全書（下）》。值得注意的是，此手稿本在卷4「傳記」的某些篇章文字與刻本存有若干差異。
3	臺灣先賢詩文集彙刊第三輯	史學 經學 文學 哲學	龍文出版社	2001	據清光緒元年刻本影印。本書雖名為《一肚皮集》，但集中更附上吳子光其它光緒元年未刊刻的作品，以饗讀者或研究者，如《小草拾遺》全，選錄《經餘雜錄》卷九、卷十「論辦類」，卷十一、卷十二「文辭類」，以及《芸閣山人集》等皆為抄本影印本。

| 4 | 《全臺文》 | 史學經學文學 | 文听閣（臺中市） | 2007 | 《全臺文》據《臺灣先賢詩文集彙刊》之《一肚皮集》為底稿而加以重新排版、斷句標點，本集分置在《全臺文》的第10至14冊，即《一肚皮集一》、《一肚皮集二》、《一肚皮集三》、《一肚皮集四》、《一肚皮集五》等。 |

附錄七、清刻本《一肚皮集》及《吳子光全書》中吳子光之晚年自號書影

鐵梅老子自題

一肚皮集

雙峯草堂藏板

清刻本《一肚皮集》署名

序

此篆篆者乙丑秋賦酬應之餘也初予少而好賦與揚子雲同癖
存古律賦一百餘篇厥後中年絲竹陶寫性情存近體詩二百餘
首即行遠中遊學往返亡也忽然為聲聲者久之夫西京尚辭賦
班志臚列甚詳此體原有專家孔璋不關於辭賦溫公不能為四
六　甚矣兼才之難也吾儕小人何有焉白頭如許彊工莊烏
之吟遠志無存爰取郝隆之語厄我同人寧以濁酒澆之毋以醬
敬覆之

鐵梅老人時年六十有一

3

〈小草拾遺‧序〉

大不可。不窴。唯是當于。平旦。時。此心最初最真切處。一摸索之。歲

光緒己卯除夕。鐵梅老人記。時年六十有一。正血氣既衰歲戒之在。

得之候、嘻兔俗末。能阮咸將屏我于。竹林外矣似不如終守硯田。

之為愈也。故書數語以自砥云。

〈求田問舍記〉，《一肚皮集》卷七

能念○阿房宮賦也○漢張騫尋河源唐劉元鼎侯君集尋河源元蒲察篤實亦尋河源總不如我○朝阿彌達尋河源之力爭上流也○李密讀漢書蘇子美讀漢書蘇子瞻亦讀漢書似○朱若鐵椎道人之獨得真詮也○伊尹稱元聖周公稱元聖孔子亦稱元聖總不若○孔子之聖能集大成也○徐幹成一家之言曹植成一家之言總不若太史公成一家之言冠絕百代也○

〈雷同說〉，《一肚皮集》卷八

附錄八、清代臺灣行政區域變遷圖
（1684～1887）

*康熙二十三年（1684）至雍正元年（1723）設一府三縣

臺灣府		
諸羅縣	臺灣縣	鳳山縣

■臺灣納入清國版圖首次行政區域圖（1684年）。

地圖繪製：黃清琦

*雍正五年（1727）至嘉慶十七年（1812）設一府四縣二廳

臺灣兵備道〔註1〕					
臺灣府					
諸羅縣	臺灣縣	鳳山縣	彰化縣	淡水廳	澎湖廳

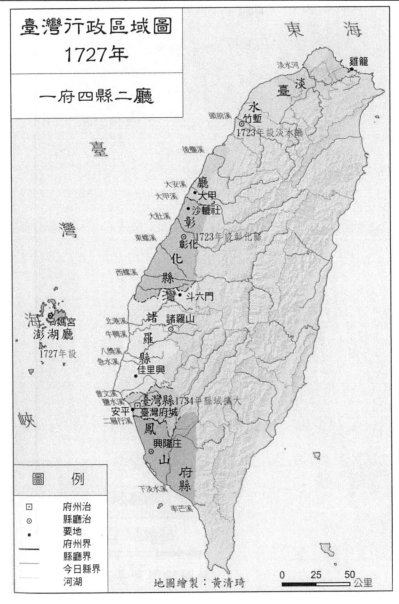

〔註1〕乾隆32年（1767）福建分巡臺灣道升格為福建分巡臺灣兵備道，乾隆56年（1791）福建分巡臺灣兵備道再次升格為按察使銜分巡臺灣兵備道。

*嘉慶十七年（1812）至光緒元年（1875）設一府四縣三廳

臺灣兵備道						
臺灣府						
噶瑪蘭廳	淡水廳	彰化縣	臺灣縣	嘉義縣	鳳山縣	澎湖廳

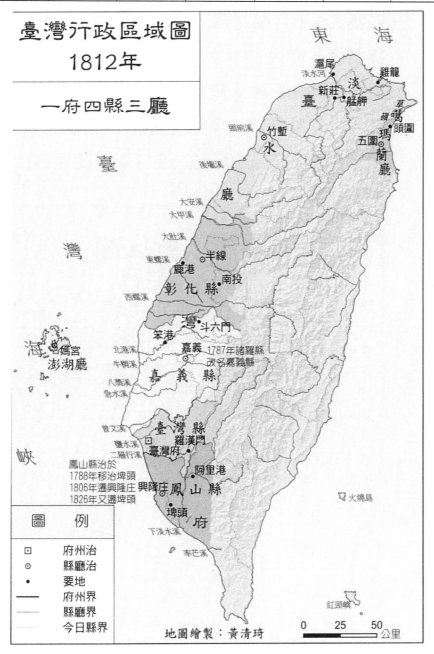

*光緒元年（1875）至光緒十三年（1887）設二府八縣四廳

臺灣兵備道〔註2〕										
臺北府				臺灣府						
宜蘭縣	基隆廳	淡水縣	新竹縣	彰化縣	埔裏社廳	嘉義縣	臺灣縣	鳳山縣	恆春縣	卑南廳	澎湖廳

■牡丹社事件後，行政區劃進行重大調整。

〔註2〕光緒10年（1885）臺灣建省，劉銘傳為首任巡撫。自此，臺灣兵備道（劉璈）的權限便受到壓縮。

附錄九、清代臺灣書院分布圖

◎以上附錄八、九等五幅圖彩印自《臺灣歷史地圖》所附之清領時期行政區域圖,參
見黃驗、黃裕元撰文;黃清琦地圖繪製:《臺灣歷史地圖》(臺南:國立臺灣歷史博物
館;臺北:遠流出版事業股份有限公司,2018 年 2 月),分見頁 54、55、55、56、65。